85歳の闘い
キリマンジャロの山頂へ

笹川光平

工作舎

目次

第4章
登頂準備
095

第5章
キリマンジャロの頂へ
123

はじめに

二〇二四年二月一二日、日の出前の五時三〇分、笹川陽平（八五歳）がアフリカ大陸最高峰キリマンジャロの登頂に成功した。山頂に辿り着くまで六日間、標高差四〇〇〇メートルを自らの脚で踏破しての達成だった。笹川は十数年前に心臓に疾患を患い、ペースメーカーを装着し障害者等級一級の認定を受けている。最重度の障害を抱える者としては世界最高齢の登頂者となった瞬間だった。

笹川にはこの山頂に辿り着かなくてはならない一つの大きな使命があった。それは彼が過去人生のほとんどの時間を費やしてきたハンセン病制圧の啓蒙活動である。山頂で両手を広げて掲げたバナーには、「Don't Forget Leprocy（ハンセン病を忘れない）」の文字が記されていた。

この年、笹川は会長として日本財団を率いてから二〇年目の節目を迎えていた。かつて「らい病」と呼ばれて恐れられたハンセン病の根絶に本格的に取り組み始めたのは一九七四年のことであり、活動期間は実に五〇年に及ぶ。この間、かつては一二〇か国にのぼった蔓延国の数は激減し、現在統計上の未制圧国は一国のみとなっている。笹川の人生を賭けた闘いは、最終章に入ろうとしている。活動の主眼は、病の撲滅に加え、この病によって不当な迫害を受けてきた患者及び回復者の救済と、差別の撤廃に向けられている。

笹川は常々「人生の晩年は目標を持って生きなければたちまち朽ちてしまう」と口にしている。老いてなお現場第一主義を貫き、一年の大半を海外での活動に身を捧げている。一見無謀とも思えるキリマンジャロの登頂計画は、その延長線上で敢行された。何がそこまでの意欲を掻き立てるのか、そして何故ここまでの苦行を自らに強いるのか。

筆者は息子として、キリマンジャロの山中で父の背中を追いながらサポート役を務め、その格闘の一部始終を目の当たりにした。家族の中で職業的にも性格的にも父親とは相反する方向を向いてきた私が、何故か大きな重力に引き寄せられるようにこのPR活動に参加し、大キャラバンを率いることになっていた。本書は、キリマンジャロ挑戦に至るまでのこの数年の道筋、そして登頂時の山中での出来事を、最も近くで目撃してきた筆者による記録である。

アンボセリ国立公園から望むキリマンジャロ

第1章

新たな闘い

緊急手術

二〇一二年一月、父、笹川陽平は年末年始の長い休みを取り返すかのように慌ただしく動き出し、南米のブラジル、及びペルーへの海外出張に向かった。いずれも人里離れた集落におけるハンセン病関連施設の視察が目的だった。当時の日本は東日本大震災の爪痕が生々しく残る中、復興支援の活動が活発化しており、父は国内外を問わず移動を繰り返し働き続けていた。

私たち家族には会長秘書の星野妙子から、時折海外出張の予定表がメールで送付されてくる。決して一か所に留まることはなく、日刻み、あるいは時間刻みで移動し、視察や要人との会談が組み込まれている。

「海外で少しでも時間の枠が開いたら仕事を入れろ」

これが秘書課への父からの指示であるという。一つの国を訪れると現地に精通した財団関係者が同行し、国を移動するとまた別の財団の専門部隊が父の到着を待っているという。当時すでに七三歳であり、通常の企業や組織であれば、優に引退の年齢を過ぎていた。その予定表にぎっしり書き込まれた文字を見るたびに父の健康を危惧し、晩年に向けてもう少し仕事量を抑えて欲しいと願っていた。

そんな折のある週末、星野から一通のメールが届く。「会長が出張先のペルーで意識を失った」との内容だった。家族に過度な心配を掛けないという配慮もあってか、「今は意識が戻り、これから念のため総合病院に搬送する」と簡略な文章で記されていた。父たちはペルーのウカヤリ州にあるハンセン病療養施設を訪れようとしていた。首都のリマに向かう飛行機に乗り込む際、父は搭乗口のベンチで震えるようにして意識を失ったという。同行していた広報の富永夏子が体をさすりながら必死に声をかけるものの、反応がなかった。幸い脈拍と呼吸は確認できた。間もなく意識は回復したものの、顔色は青褪め、普段汗をかきにくい体質である父の体は冷や汗にまみれていた。さすがに同行者も異常事態だと認識した。

日本とは一四時間の時差があり、地球の裏側にすぐには駆け付けられない。我々家族としてはひとまず次の知らせを待つしか術がなかった。恐れていた事態がよりによって日本から最も離れた地で起きたことに、驚きと嘆きの入り混じったような気持ちだった。

一行はその後なんとか医療体制の整うリマまで飛行機で移動したが、父の血圧は上が八〇、下が四〇という異常な低さで、吹き出す汗で全ての衣服がびしょ濡れになるほどだった。空港では日系ペルー人協会が救急車を手配してくれており、到着後すぐにリマ市内の総合病院に搬送された。

専門の医師チームによる心電図、心臓超音波検査、血管超音波検査、CTスキャン等の結果、心臓の動きをコントロールする刺激が一部遅くなっているとの所見が出る。この刺激の遅延が長く続く場合には、脳に障害が残るかもしれないとのことだった。結局心臓の「第二度房室ブロック」と診断され、房室の伝導障害を防ぐためペースメーカーを装着する手術を施すこととなった。自宅の母には現地から直接電話が入り、手術の説明と承諾の要請が行われていた。

人間の心臓は二つの心房と二つの心室、合わせて四つの部屋から構成されている。心臓の中には刺激伝導系と呼ばれる回路があり、洞房結節から送られた電気信号が各所に刺激を与えることにより心房と心室が連動、収縮し血液が身体中に流れるようになる。この心房と心室の刺激に伝導遅延が生じると房室ブロックとなり、心拍数が低下する「徐脈」を発症する。脳血流は低下し、ふらつきやめまい、ひどい場合には意識消失発作(失神)を伴う。

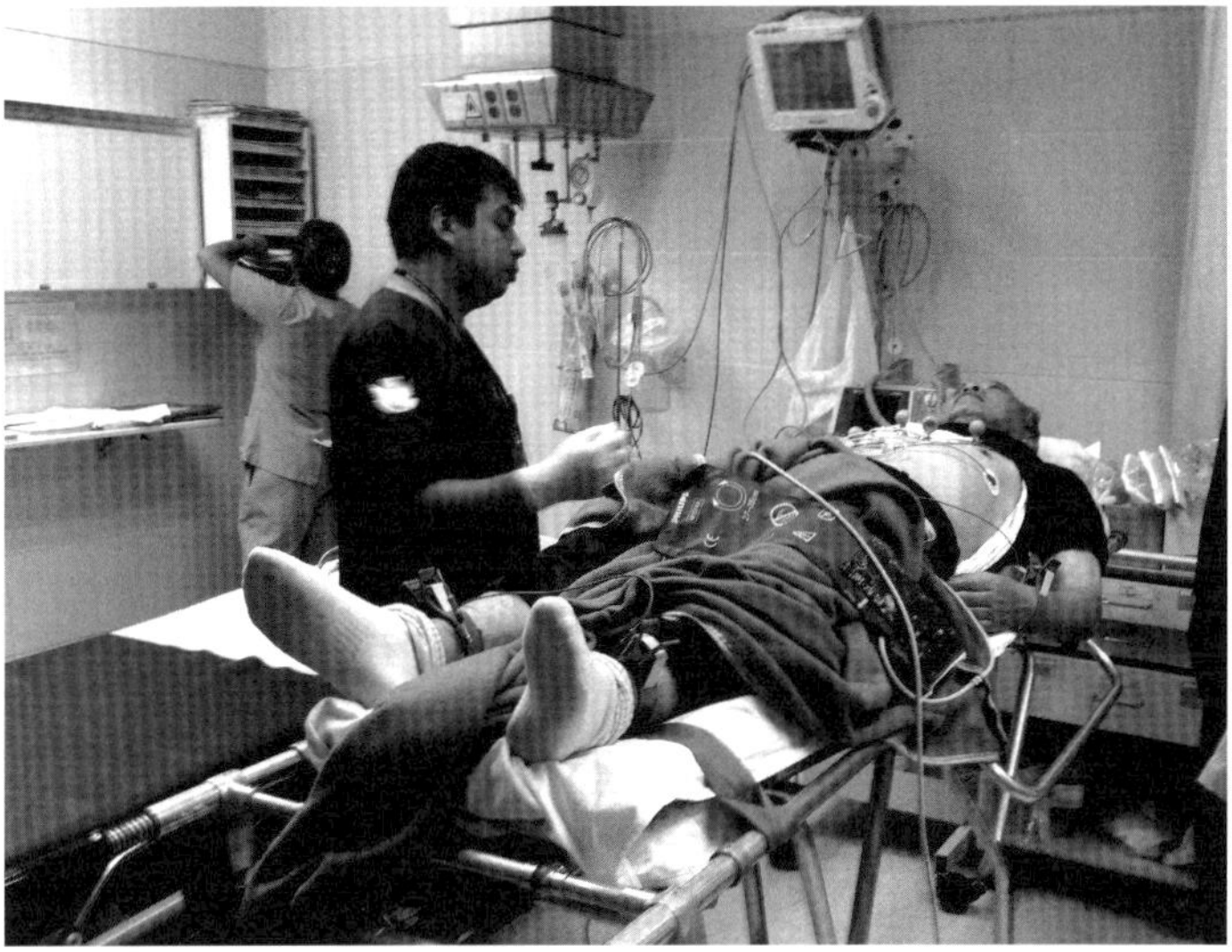
リマ市内の総合病院への緊急搬送

房室ブロックはその重度により第一度から第三度に分類される。第一度では心室への連動に遅れが生じる程度で日常生活には支障がないが、第二度では刺激伝導が断続的に遮断され、第三度では心臓のポンプ機能を損なう重篤な不整脈となる。

第二度以上はペースメーカーを用いて洞房結節の代わりに電気信号を送り、心臓の拍動を調節する処置がとられる。父は集中治療室に運び込まれ、外科手術が行われることになった。右鎖骨下にはペースメーカーが埋め込まれ、静脈の中を通したリード線が心臓内に留置された。その後星野からメールが届き、手術が無事に終了し、父も回復しつつあるとの報告があった。土曜の午後にペルーの地方空港で倒れてから、日曜にリマ市内で手術、月曜には退院し日本への帰国便に飛び乗る、という荒療治を交えた強行軍だった。現地の日系ペルー人協会の方々の奮闘により、病院、医師、搬送等が迅速に手配され、現地の滞在時間を最小限に抑え、帰国まで辿り着けたのである。

帰国当日、私は仕事を休み成田空港へと向かった。地球の裏側のリマを発った一行は、ロスを経由し約二〇時間をかけ夕刻に帰国する予定だった。到着ゲートで手術直後の人間を出迎えるのは初めてであり、特別な出入り口が用意されているのか、担架で運ばれてくるのかと、落ち着かないまま到着を待っていた。父は意外にも自分の足で歩きゲートを通過してきた。「心配かけたな」と私に一言かけると、いつもの早足を抑え身体を気遣うようにして進んで行った。長いフライトで心身を休めたのか血色も良く、私もひとまず安心した。話を聞けばこれまで海外渡航先で度々起きていためまいの症状も、この房室ブロックによる不整脈が原因ではないか、との医師の指摘があったという。奇しくも今回の失神によってペースメーカーが装着され、健康上の不安要素が取り除かれたことを当の本人がいちばん前向きに捉えているようだった。自らの体を襲った突然の変調にうろたえることなく、これからの仕事により精力的に取り組むと意気込んでさえいた。

これ以降、父には障害者手帳が交付され、「障害者等級一級」と認定された。ただこの資格を有して税金の控除を受けたり、路上駐車の優遇を受けたり、公共交通機関のサービスを受けたことは一度もない。本人にとっては自らの身体は至って健康であるとの認識で、あくまで健常者として生活し、特別な計らいを受けるのを頑なに拒んでいるのである。我々家族と接していても心疾患を患っていると思わせる素振りはいっさい見せなかった。私でさえ胸の手術痕と皮下に埋め込まれたペースメーカーの形状を見せられて初めて、二〇一二年のこの出来事を思い出すほどだった。

富士北麓にて

山梨県の富士山の北麓に鳴沢という村がある。戦後しばらく手付かずの自然が残っていたこの高地に、水脈が見つかったのは昭和三〇年代のことだった。以後徐々に山が切り開かれ開拓が進められ、現在は避暑地として多くの人が住み込むようになった。父がこの場所に山荘を構えたのは四〇年ほど前だった。標高千メートルの高さにあり、夏は涼しく、湿度も低い。夏季は暑い東京を抜け出して静養し、その他の季節にも水道が凍結しない限りは週末毎に足を運んでいた。

父がこの山荘に足繁く通う理由は、空気の新鮮さ、水の美味しさに加え、高原特有の樹木や植物の存在である。敷地内にはアカマツ、クリ、ヒノキ、ケヤキなどの天然木が数多く茂り、その間を縫うように父の植えたヤマザクラ、ミツバツツジ、レンギョウ、セイヨウアジサイが花を咲かせている。管理された庭園というよりは、粗放型の野生味溢れる山林である。時折訪れる来客を、色鮮やかな植栽で賑わっているこの庭に案内するのが、父の何よりの楽しみだった。

ここ数年、父は金曜日に仕事が終わるとすぐに鳴沢に向かい、週末は一日六時間から八時間は植栽の手入れと雑草の駆除に没頭している。両膝をつき、泥だらけになりながら一本一本ていねいに雑草を抜いてゆく。体力が尽きて土の上に寝転がり、空を見上げながら休憩していたところ、通りがかった隣人に救急車を手配されそうになったこともあった。何人かの来客は、作業に没頭する父を専門の庭師と勘違いし、挨拶なしに横を通り過ぎたという笑い話もある。父が苗木を愛でる姿は、どこか大地に生命を宿す、あるいは命を繋ぐ作業のようにも見えていた。心臓の手術を受けて以来、山林での作業が体力的にも精神的にも特段の治癒効果をもたらしているようだった。

私もことある毎にこの山荘に呼び出される。父は私と一緒に林の中を眺めては、今年はここに何を植えよう、何月に何の花を咲かせよう、と思案を巡らせるのである。私は建築士を生業としており、造園の計画は普段の住宅の設計の延長線上にある。立木を一本一本調べ上げ、林を切り開き、舗装された車路を通し、大沢石の土留めを積み上げる。私は父に言われるがまま、時にはミツバツツジを数十本、セイヨウアジサイを数十本運び込み、福島からは八重の枝垂れ桜の高木を数本取り寄せた。植栽に対する父の要求は次第にエスカレートしてゆくが、何とか父の理想の庭を実現させようとこちらも懸命に取り組んだのである。

八月には毎年多くの来客が山荘を訪れる。皆ネクタイを解き、襟元の緩い格好で酒を交わせば、会話は自然と軽やかになる。常に仕事の臨戦モードに入ったままの父も、この山荘にいる時だけは鎧を脱ぎ捨て、心からリラックスできるようだ。時には財界、政界を代表するような方々も訪れ、近年はその顔ぶれも相当華やかになり、県警やSPが近隣に警備体制を敷くこともあった。

次第に八月のこの宴席を作り上げることが、父と私の共同作業になっていった。毎年五月の連休が終わった頃になると、さて今年はどうするか、と私に課題を持ちかけるのである。

「もし晴れるようならば、庭に椅子を並べて座って頂いたらどうか」

「帰りの夜道が暗いので照明を焚いてはどうか」

「去年のサミットで振る舞われた明野のワインを仕入れてはどうか」

などと言った具合である。この手の集まりとなれば、専門業者を手配してプロに任せるのが普通だと思うが、この山荘の宴席は全て我々の手作りによるものである。家具の移動から照明の調整まで、酒類の選定からメニューの作成に至るまで、父と私が二人で準備している。年々少しずつアレンジを加え、より居心地の良い集いにしてゆくのが我々の毎年の密かな楽しみとなっていた。

山荘からは富士とその裾野が一望できる。静岡側からの眺めとは異なり、標高の高い位置から見上げるため、山頂付近の切り立った荒々しさを間近に感じられる。来客にこの富士の姿をどれだけ見てもらえるかを、父はいちばんのこだわりとしている。食卓は眺望が最も良い角度で据え付けられ、ソファーは富士を囲むようにコの字型に配置されている。夜になっても街の光は届かず、あたり一体は暗闇となる。見上げると夜間の登山者のヘッドライトの灯りが、光の帯となって登山道を彩っている。

富士山は春の残雪、朝焼けで赤く染る岩肌、笠雲に覆われた山頂など、様々な表情を見せてくれる。父は潔くそびえるその独立峰を見つめながら、人生の次なる目標に向けて心と身体の英気を養っているようだった。

ハンセン病との闘い

父は一年の一〇〇日以上を海外での活動に充てている。長年秘書を務めている星野が記録する限り、一九八二年から二〇二四年五月時点の現在までの四二年間で延べ一二二の国と地域を訪れ、その海外出張の数は五七六回に上った。私が所用で会おうと思ってもすでに機上の人となっており、音信不通となっていることも多々あった。父にとって海外に出て主要な国際会議に出席したり国家主席や大臣クラスと面談するのも重要な任務ではあったが、それ以上に時間と労力を割いていたのが、世界各地に散在するハンセン病の療養施設への訪問だった。二〇〇七年にはその様子がBBCのドキュメンタリー番組「The Outsiders-Leprosy in the 21st Century」で特集され、その活動が広く世に知られるようになった。

ハンセン病の療養施設はそもそもが患者の隔離を目的としている場合が多く、古くは絶海に囲まれた孤島がその多くを占めていた。南アフリカのロベン島、フィリピンのクリオン島をはじめ、地中海には歴史上いくつもの患者の島が存在していた。現在患者数で突出しているハンセン病大国は、インド、ブラジル、インドネシアであり、これらの地域でのハンセン病の実態を把握しようとすれば、人口が希薄な人里離れた集落を訪れたり、アマゾン流域のジャングルの奥で暮らす患者や回復者たちに会いに行かなければならない。公益財団のトップがなぜこんな末端の地域までわざわざ足を運ぶのか、それも年に数十回も、と思うのが一般的な感想だろう。父が「人生を賭けた闘い」として取り組む背景には、日本財団の過去五〇年に及ぶハンセン病制圧への活動の系譜があった。

ハンセン病の病名は、一八七三年にらい菌を発見したノルウェーのアルマウェル・ハンセン医師に由来する。その歴史は「悲劇」と「絶望」の連続だったと言っていい。HIVやマラリアなどと比べれば極めて低い感染率であるものの、放置すると末梢神経が侵され、身体の一部が変形、欠損し、ハンセン病特有の外見の変化を伴うことから「穢《けが》れた病」と恐れられてきた。古くは『旧約聖書』にも神罰として記述され、一四世紀の中世ヨーロッパではハンセン病の感染がピークを迎え、患者は黄色い十字架を服に縫い付けた特別な服を着せられて隔離されていた。

父と日本財団がこの病気の根絶に本格的に乗り出したのは、一九七四年のことだ。以後毎年世界保健機関（WHO）がハンセン病制圧に掛ける予算の大半を財団が賄い、一九八一年に開発された多剤併用療法（MDT）を全世界の患者に無料で提供するという前例のない事業を展開する。統計上その国の人口一万人につき患者数が一人未満となれば、公衆衛生上の問題としての病気の制圧が達成されたことになる。一九八〇年代に一二〇〇か国を超えていた蔓延国の状況は年々見違えるように改善されてゆき、二〇二四年の現時点で未制圧国は唯一ブラジルが残るのみとなった。

このMDTの無償配布は全世界の患者数が九五％減少するという劇的な変化を生み出したが、同時に父は新たな難問と向き合うこととなる。それはハンセン病患者に対する不当なスティグマ（社会的烙印）の解消である。一九八〇年以降、MDTで治療を受けた回復者は約一六〇〇万人に及んでいる。ただMDTで完治したにもかかわらず、回復者たちは教育、就職、結婚の機会を与えられず、その家族においても差別の対象となる。その背景にあるのが、ハンセン病が感染性の高い危険な病気である、また親から子へと遺伝する病気である、という誤った認識と偏見である。

インドでは触れれば穢《けが》れる存在として、カースト制度の下端にも属せない「アウトカースト」して扱われ、その身分がゆえ学校にも病院にも行けない。社会とは隔絶された環境の中で、体がらい菌によって知らず知らずのうちに蝕《むしば》まれ、壮絶な肉体の変形を伴いながら死を迎えてきた。

ブラジルでは母親がハンセン病患者である場合、子供は母親から引き離され収容所に

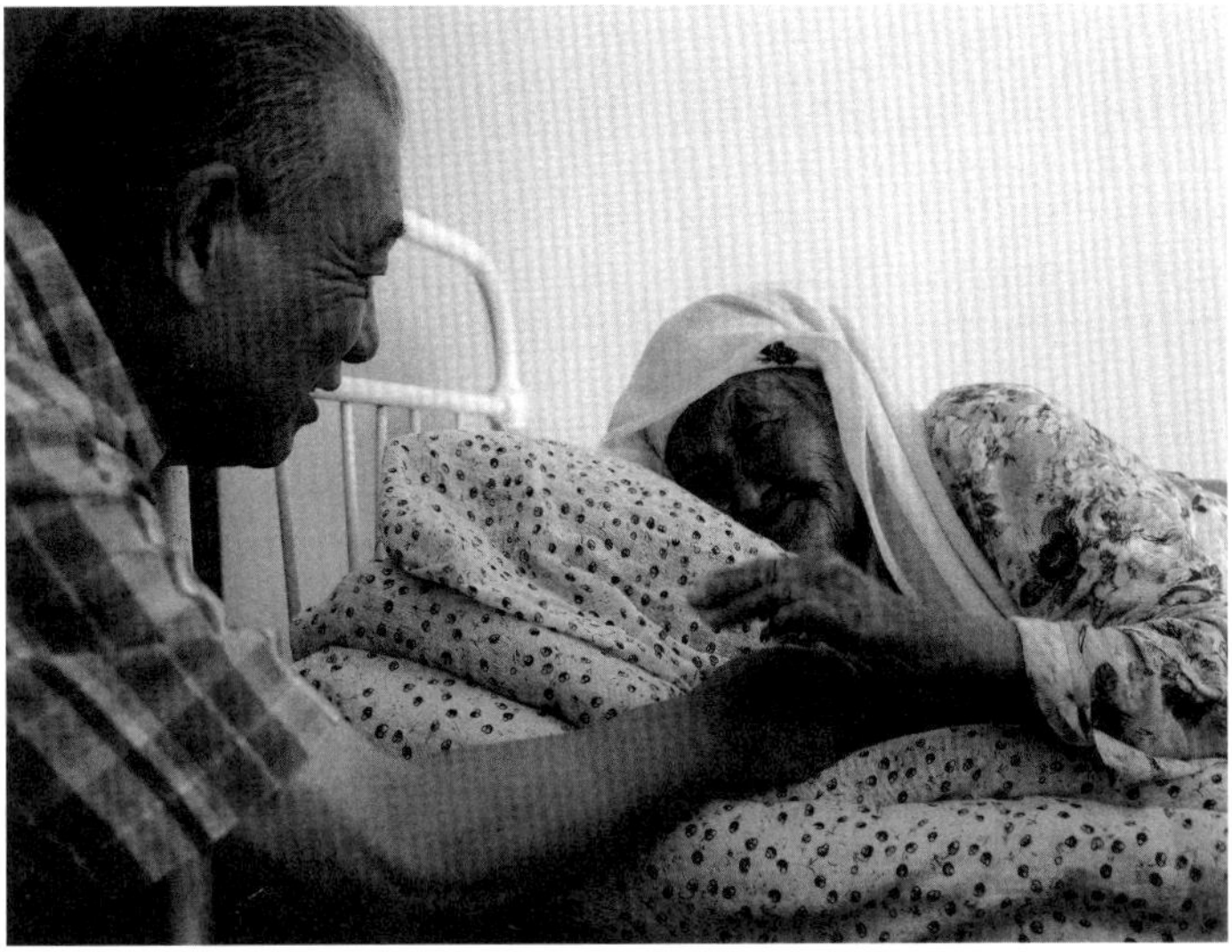

ウズベキスタン、クランタウ療養所で患者を見舞う

隔離されていた。子供達には虐待や暴行が加えられ、市中に引き渡された。母子の不当な引き離しと児童虐待とも言える行為が国家的な政策によりつい近年まで続いてきた。

これは日本でも例外ではない。一九三〇年に国内初の国立療養所「長島愛生園」が瀬戸内海の孤島に設立されると、全国かららい病患者が入所する様になる。この島の中では結婚も出産も許されず、男女の往来は禁止された。患者が逃亡を計ろうものなら監房に幽閉され、体罰が加えられたという。一九三一年に施行された「らい予防法」は絶対隔離の考え方に基づいており、患者の職業の自由、生活の自由は著しく制限され、断種手術さえ横行していた。らい予防法が我が国で廃止されたのは一九九六年であり、施行からこれほど長きに渡って人権侵害が野放しにされていたことに驚きを禁じ得ない。

父は当初ハンセン病という病気自体が根絶できれば、差別も解消できると考えていた。ただこうして各地の療養所を訪れて回復者の経験談を耳にするにつれ、人類が犯してきた大きな過誤の歴史を改めて認識するようになる。

世界各国に点在する療養所では、父は患者や回復者一人一人のベッドにまで足を運び手を取って話に耳を傾ける。裸足での生活により傷跡が化膿して足指が全て欠損している、眼球を失いまぶたが陥没している、両手両足が変形し思わぬ方向に反り返っている、顔面が著しく変形し皮膚感覚を失っているためか表情が全く読めない者もいた。普通なら目を覆いたくなる場面でも、相手の手を握り肩を抱き、彼らが受けてきた不幸な境遇を事実として受け止め、勇気づける言葉を掛けてゆく。

二〇〇一年、父はWHOからハンセン病制圧大使に任命され、国連大使と同等の権限を有するにいたり、より精力的に活動に打ち込む様になる。二〇一〇年には国連人権委員会で「ハンセン病差別撤廃決議」が採択された。病気の制圧がほぼ実現されつつある今、父は「差別の根絶」という新たな目標に向かって、世界への啓蒙活動と現地の従事者への激昂を続けている。制圧を達成した国々の中でも再び患者数が増大したり、ホットスポットと呼ばれる有病率が突出して高い一部の地域も存在する。飛行機で地球の裏側まで移動した後、車で数時間悪路と土埃にまみれながら療養所を訪れる毎日に終わりが見えることはない。父は自らのハンセン病との闘いを次の様に振り返る。

「今我々は一〇〇マイルの道を九九マイルまで到達した。最後の一マイル（ラストワンマイル）が最も長い道のりである」

第 2 章

最高峰への挑戦

富士登山

二〇二二年の春、一枚の鮮烈な写真が父の元に届いた。史上最年少で八〇〇〇メートル級の全一四座を制覇した著名な登山家、ミンマ・ギャブ・シェルパ氏がエベレストに登頂したという報告だった。神々しくそびえるネパールの山々を背景に極厚のダウンを着込み、ポーズをとった手には「Don't Forget Leprosy（ハンセン病を忘れない）」と書かれたバナーが誇らしげに掲げられていた。これはハンセン病の活動に尽力したネパール山岳会のサンタ・ラマ会長が発案し、最高峰の山頂に掲げ啓蒙活動をＰＲするために、シェルパ氏に手渡したものだった。

当時は新型コロナが猛威を奮っていた。学校や施設の閉鎖が相次ぎ、世の中には自粛ムードが漂っていた。海外渡航は大幅に制限され、現地に赴いて問題を解決することを基本姿勢とする父のハンセン病制圧活動も支障を来していた。そんな中届いた一枚の写真は、父の想いを大いに刺激した。ある日私は父が静養している鳴沢の山荘に呼び出された。今回は何の用事かと耳をそばだてる私に、父はそっと耳打ちする。

「今年の夏、富士山に登るから準備しろ」

エベレスト山頂で「Don't Forget Leprosy」のバナーを掲げる世界的な登山家ミンマ・ギャブ・シェルパ氏

奥の台所で食事の準備をする母に聞かれないようにして、私に突拍子もない決意を打ち明けるのだった。シェルパ氏によるエベレストの山頂でのバナー掲揚に敬意を表して、自分はリターン・エールとして日本の最高峰である富士山頂に同じバナーを掲げたいと言うのだ。父が見つめる窓の向こうには、その頂に春先の積雪をまとった霊峰が聳《そび》えていた。

今まで父から様々な仕事や雑用を命じられ、一つずつ要望に応えてきたつもりである。ただ当時八三歳を迎え、ましてや心臓に重大な疾患を抱える父の富士山登頂は正直想像の範疇を超えていた。そもそも登頂が可能なのか、そして体力的にどの程度の準備期間が必要なのか、私はあれこれ思慮を巡らせていた。

悩んだ私は長く交友のあるトレーナー、竹下雄真に意見を求めた。彼は日本代表として活躍するトップアスリートをはじめ、数々の著名人が身体を預ける、日本随一のプロトレーナーである。父が常日頃から腹筋、スクワットを欠かさず行い、毎日会長室のある七階までエレベータを使わずに階段を上がり下りするなど、八〇代に見えない肉体を維持していることは竹下もよく知るところだった。

「日頃の鍛錬の成果でしょうね。息子さんたちの誰よりも身体が引き締まっているんですよ」

トレーニング次第では富士山登頂も十分に可能だと太鼓判を押してくれた。

竹下は当時豊洲に開設していた最新鋭のジムを案内してくれた。二〇二〇年の東京オリンピックに合わせて設立された「アシックス・スポーツコンプレックス」では世界最大級の低酸素環境が再現されており、二〇〇〇メートル～三〇〇〇メートルの標高を設定した室内でトレーニングを行えば、体にどの程度高所に対する耐性があるかを計測できるという。

我々は春先からこの施設に通い始めたが、二〇〇〇メートル相当の環境での基礎的な反復運動で父が音を上げることはなかった。少しは辛い環境も味わってもらわねばと三〇〇〇メートルの環境でもトレーニングを行ったが、まだまだ動けるとばかりにスクワットを始めるほどだった。私は「どこかで諦めをつけてくれれば」と厳しい関門を設定したつもりが、父は次々と容易に突破してしまう。一緒にトレーニングを重ねながら、私は徐々に富士登頂を決行せざるを得ない状況に逆に追い込まれてしまった。

実は父は学生時代、国内で登山に勤しんでいた時期がある。各地を遍歴して、大自然に触れ、人々と信頼を高め合う、という信条は若い頃から深く根付いていたようである。数十年前の理事長時代には、職員の有志を集めて富士登山を呼びかけ、数回の登頂を経験しており、実は山登りはお手のものだった。私も小さな頃に言われるがままに職員たちの隊列に加えられ、富士登頂を試みたことがある。当時まだ八歳だったから、今思うとなかなかのスパルタ教育だったと思う。その時私は高所特有の頭痛と眠気に襲われ、意識朦朧としたまま山頂に辿り着いたため、雄大な景色の記憶は全く残っていない。父はどうやら仲間と共に登頂するあの時の高揚感をもう一度味わいたいとも望んでいるようだった。

一言に富士登山と言っても登り方は様々である。主なルートは四つあり、途中山小屋で一泊する者もいれば、日帰り登山を敢行する者もいる。幸い我々は富士北麓に山荘を構えており、登山経験も何度かある吉田ルートから登ことを決めていた。最も観光化されたルートとあって途中に山小屋も数多く点在し、いざ緊急対応となっても駆け込んで救助を求めやすいと考えていた。当初父の体力を鑑みて、暖かい日中の登山を計画して

富士登山に備えた豊洲での低酸素トレーニング

いた。凍える夜の寒さは高齢者には厳しすぎると考えるのは当然である。ただ計画を練るうちに次第に父の要求の水準が上がってゆく。

「ご来光は見られないのか」

「やっぱり深夜にヘッドライトを付けて登るのが富士登山だろう」

「日の出を見るなら山腹ではなく頂上でないと意味がない」

こちらの心配をよそに一人意欲を掻き立てている。私もやれやれとあきれながら、その願望をなんとか形にしようと、課題を一つ一つ解きほぐすように計画を調整してゆく。結局途中八合目の山小屋で一泊をし、深夜山頂に向けて出発、ご来光を山頂で拝む、という行程となった。

登山中に父をどのようにサポートするかは、かねてからの懸案事項だった。富士登山に精通する山岳ガイドを三名ほどリストアップして、それぞれに連絡を取った。ただ八三歳の父を登頂させたいという計画の内容を伝え始めた途端、口を揃えて断りの言葉が返ってきた。登山者の安全を何より優先する彼らには、これほどの高齢者の安全の責任は持てないということだろう。竹下に相談すると、豊洲でトレーニングを施してくれたトレーナーの賀澤貢を帯同させてくれるという。彼は陸上自衛官出身であり、教官として厳しく隊員の指導を務めてきた。なにより自衛隊の演習場のある富士について隅々まで知り尽くしているという点が我々には心強かった。登山は賀澤が父を先導し、その後を私が続いてサポートする形となった。ファーストエイドキットと自動体外式除細動器（AED）は私が担ぎ、万が一の事態に備えた。

その年の八月初旬、富士登山は数名の参加者を加えて実行に移された。会長の登山の一部始終をしっかりと記録し啓蒙活動に役立てたいと、広報の富永が大きな一眼レフのカメラを手に帯同してくれた。また高齢の父を心配して他の三人の兄弟たちも、忙しい仕事の合間を縫って集まってくれた。

顔見知りのメンバーに囲まれて久しぶりの登山を楽しめるとあって、父は意気揚々と登山口から出発した。普段寡黙であるはずの父が、途中に通り過ぎる下山者たちに次々と話しかけてゆく。どちらの出身か、山頂の様子はどうだったか、どのくらい時間を要したか、などいずれも簡単な内容ではあったが、声を掛けるのが山のエチケットと言わんばかりである。ただ「僕は今年八三歳になるんです」という一言を挟むのを忘れていなかった。相手の驚く顔を見てにやりと笑い、その反応を活力に変えて歩き出しているようにも見えた。

　一日目は標高二四〇〇メートルの五合目から三〇〇〇メートルの八合目を目指した。標高差六〇〇メートルを三時間半ほどかけてゆっくりとしたペースで登ってゆく。スタートは遅く一六時を過ぎていたため、六合目を過ぎ傾斜が厳しくなる七合目付近に行きついた頃はすでに日の入りの時刻となっていた。この日は驚くほどの晴天に恵まれ、北麓眼下の河口湖や山中湖が夕陽で赤く染まる姿が非常に美しかった。途中両手で岩を掴んで登る難所もあったが、父は庭の手入れで両手を地面に着きながら作業することが多いこともあり、「この姿勢の方が俺には登りやすいんだよ」と普段鍛えた体幹の強さを自慢げに披露していた。

　八合目の山小屋に着いた頃には時計の針は二〇時に迫っていた。すでに就寝している登山客もいたことから、我々は外のデッキに座り込み夕食のおにぎりをほおばった。富士吉田市や河口湖町の灯りを眼下に望む、我々にとってはこの上ない夜景ディナーとなった。

　コロナ禍の影響もあり、例年登山客で鮨詰め状態になる山小屋は予想以上に人が少な

富士登山

眼下の山中湖を望み岩場を登る

く、我々は奥の大部屋を占有して一泊することができた。とはいえ深夜の一時にはご来光を見るために山頂へ向かう予定を立てており、実質的にはほんの数時間の休憩程度である。父と我々兄弟たちが寝袋で横になると、次第に男同士の他愛のない話になる。大笑いを繰り返していると、すでに就寝していた他の登山客から静かにしてくれと叱責を受けてしまった。八〇代と四〇代のオジサンたちが、まるで見回りの教員に叱られた修学旅行生のようにうつむいていた。

二日目の深夜一二時、父は興奮さめやらぬのかいち早く目覚めてしまい、防寒具を一式着込んで誰よりも早く外のデッキで準備を整えていた。予定時間よりも早く私と二人で先行して出発し、足の早い他のメンバーに途中で追いついてもらうことになった。後ろから足取りを見る限り、心配していた高山病の影響はなく、寒さの中でもしっかりと動けている様子だった。

深夜三時頃、本八合目付近に差し掛かると、急に大粒の雹《ひょう》が降り出し、我々のレインジャケットに当たりバサバサと音を立てる。天候の急変にはさすがに驚き、近くの山小屋の小さな軒先に身を屈めて待避した。雹は次第に大粒の雨となり、トタン屋根に大量に降り注いだ。三〇分ほど経過しただろうか。これ以上寒空のもとで体温を奪われてはと判断し、小雨になったタイミングで雨の中を再び登り始めた。

このあたりは「胸突き八丁」と呼ばれ、急な傾斜と大きな岩場が行く手を阻んでいる。岩に掛けられた鎖を引っ張りながら登らなければならない難所もあり、雨で濡れた手袋と登山靴ではずるずると滑ってしまう。私もこれまで数度の富士登山を経験していたが、紛れもなく最も厳しい天候だった。途中父の手袋を交換したり、濡れたレインジャケットの雨粒をタオルで拭き取ったりと、なんとか安全に登坂できるようサポートに徹した。私は必死の形相で岩場を這い上がる父に対して、

「頂上を通り過ぎて天国まで行かないように気をつけて下さい」

と皮肉を込めて注意を促した。すると父は

「仲の良い友人たちは皆地獄へ行ってしまった。だから俺は天国には行けないんだよ」

と持ち前のウィットで返してきた。まだまだ気持ちには余裕があったようである。

時計の針が四時を回ると、日の出の準備を整えるかのようにあたりがゆっくりと明るくなってくる。山頂に近づくにつれ次第に雨量は少なくなり、気がつけば我々は雨雲を突き抜けて進んでいた。ヘッドライトのわずかな光で足元しか見えていなかった登山道

は、頂上まで道が続いていることも確認できた。日の出を数分後に控えた五時前、父は吉田口の頂上に辿り着いた。この間我々のグループは暗闇と悪天候の中で次第に散り散りとなり、父が頂上の鳥居をくぐる姿を拍手で迎え流ことができたのは私だけになっていた。

山頂に着いて間もなく、富永があらかじめ用意していた大型のハンセン病のバナーを手渡された父は、それを両手で目一杯に広げ、眼下の雲海をバックに写真に納まった。分厚い雲の隙間から昇ったばかりの太陽が、わずかに光を差し込んだ。悪天候の中の格闘が実を結び、有言実行を果たし誇らしげに直立する父の姿は神々しくもあった。

正直な所、深夜の本八合目付近で天候が急変した時は、登山の断念も頭をよぎっていた。ただ父の顔を見る限り、

「この程度の雨で何事か。もっと酷い状況はいくらでもある」

と前を向くことを忘れていなかった。私は深夜の山道で父の背中にぴたりと付きながら、足を滑らさないようにと後ろから見守っていたが、途中弱音や文句を口にすることなく、無言のまま一歩一歩を踏み出していた。その姿は誰もが目を背けるような任務を

富士山頂にて、日の出と雲海を背景にハンセン病のバナーを掲げる

自ら選び、長年こつこつと積み上げてゆく仕事人としての姿を彷彿とさせた。

「何苦楚日々新也」は仏教用語に由来するものだが、「何事にも苦しむことが人生において礎となる。どんなことがあってもやがて新しい日が来る」との意訳は、まさにこの時の父の姿を如実に表していた。それは深夜の登頂の末、山頂で見た陽の光であり、はたまたハンセン病の啓蒙運動と、その先に見据える差別のない世界にも繋がるように感じる。

父子の繋がり

我々家族の中における父の存在は、いくつかの変遷を経て今の姿があるように思う。私たちは男ばかりの四人兄弟で、喧嘩や無茶な行動、怪我が絶えない日々だった。いつも誰かが泣き、血を流し、ギプスをつけ、松葉杖をついていた。父は「昭和の父親」らしく厳格に子供達に接し、しっかりと手綱を締めていた。幼少期は四人とも丸刈りにされ、父が帰宅すると分れば、緊張した面持ちで玄関に整列したものである。

当時の父は公益活動も忙しさを増し、国内外を飛び回る激務の日々だった。父は我々の入学式や運動会など学校行事には一度も顔を出したことがない。出産の立会いは四回とも叶わず、帰宅するとみかん箱の段ボールの中で産院で産まれたばかりの赤ん坊が寝ていた、というエピソードは現代社会では信じ難い光景だろう。父親としての役割は、可能な限り子供達を躾《しつ》け、家族としての秩序を守り、社会に貢献する一員として世に送り出すことだと心に決めていたようだ。軍隊には「規律、名誉、忠誠」という言葉があるが、そのまま我が家の行動規範として用いても違和感がないくらい、父の周りは独特の緊張感に包まれていた。

対して母は黙々と家族を支え続けていた。幼少期の送り迎えは一〇年以上に及び、予期せぬトラブルを起こす子供達に何事もなかったかのように対処し続けていた。私自身、頭から足にかけて数か所の縫合と骨折の跡がある。地方でのアイスホッケーの試合で頭部外傷を受け病院に担ぎ込まれた時には、「一人死んでもあと三人子供がいるから」と気を取り直して遠路を車で駆け付けてきた。それほどの胆力と覚悟がなければ、この頃の母親業は務まらなかったのではなかろうか。

どこの家庭でも起こりうることだが、父が次第に歳を重ねると、バイタリティ溢《あふ》れるのは母親の方になってくる。父の軍事独裁のようにみえた統制に綻びが見え、母の民主政権が掌握するようになる。今までの保守本流路線が次々覆され、「我が家の常識は世間の非常識」と言わんばかりに改革を進めてゆく。母は父の振る舞いに対し一言物申す場面も多くなった。もちろん笑いを交えた愛の鞭である。立場上、人から叱責されることのない父からすれば、家庭に戻ってお叱りを受けることは意外にも嬉しさを伴うものだったようである。

元々母親寄りだった私はこの政権奪取に参戦し、母と共に父の行動を監視し牽制する立場となる。我々はよく父を「暴走老人」と揶揄していた。これは決して高速道路を逆走する類いの話ではなく、気力と体力が豊富なあまり過剰なまでに物事にのめり込んでしまう状態を指している。我々としては年齢以上に健康でいてくれていること、熱意を持って物事に挑んでくれていることへのありがたい想いも多少なりと含まれている。前述のように庭の植木を必要以上に手入れしたり、唐突に富士山登頂を目指したりするのは、その数ある事例のほんの一部である。そのたびに母は私に父の監視役を命じ、父が周りに迷惑をかけず、節度ある行動を取るよう指示するのである。

父と私との関係は、かつて少々歪《いびつ》だったのかもしれない。私は学生時代、寮制や下宿での生活が続き、長く実家を離れて生活していた。その後建築の道を目指すため渡米し、学業と実務を含めたアメリカ滞在は一〇年に及んだ。つまり感受性の高い青年期のほとんどを父親から離れて過ごしていたことになる。就いた職業は建築士という父の職務とは全くかけ離れた芸術性や専門性を要する領域だった。

アメリカではカリフォルニア、ニューヨーク各地の建築事務所で実務を積んでいた。奇しくもいずれも筋金入りのリベラル・ステートと呼ばれる州であり、仕事仲間もクライアントもリベラル一色に染まっている中で生活していた。時折帰国して実家に戻れば、政治、社会、国際問題に至るまで父と私の意見は相対するようになる。まるで赤いネクタイを締めた保守本流の父と、青いネクタイをしたリベラルな私が、討論で対峙する構図だった。人権、移民、死刑制度、原発、いずれの問題においても我々は思想の両極端に位置していた。

ただ私は日本に自然災害が起きる度、各地災害現場を訪れるようになると、父の構想とその理想を目の当たりにすることになる。二〇一一年の東日本大震災では、私は多数のボランティアと共に被災地の石巻市に寝泊りし、損壊した漁港の復旧作業に参加した。

その後二〇一六年の熊本地震で被災した益城町、二〇一八年の西日本豪雨で被害のあった岡山県真備町にも足を運び、記憶に新しい二〇二四年の能登半島地震では、津波の被害の大きかった奥能登の珠洲市に入るなど、復興への支援を続けている。私は建築士としての専門性を活かし、少しでも被災現場の手助けができればと想うが、個人として貢献できることなど極々わずかだ。

被災地の復旧には常に即効性が求められる。現場では仮設住宅への移動がままならず、半壊した住宅の中で水と電気を絶たれる中で生活を続けている人たちもいる。行政の中央と地方の連携は時に機能不全に陥り、しばしば支援を求める者と、手を差し延べる側の需給バランスが著しく乖離する。経済界から潤沢な支援が送られても、寸断された生活道路の先の集落に届ける術がない場合も多い。

各被災地で現場のボランティアの陣頭指揮を取るのは、日本財団出身の黒澤司である。一九九五年の阪神淡路大震災に始まり、対応した災害現場は数十にも及ぶ。一度退職をして宮城県に戻り林業に関わっていたが、東日本大震災を機に父の強い要望で現地対策本部を設置、以降災害現場担当として各被災地に急行し、地元被災者からの信頼も厚い。現場では、黒澤を頼って様々な人たちが集まる。警察や消防の出身者、山岳会で民間救助に関わる者、重機を操り建設や造成に精通した者など、その分野の専門知識や技能を有した人たちを「技術系プロボノ」として束ねている。皆休日を返上しては現場に通い、数日間風呂に入れないまま寝袋で寝泊まりし、無償で活動に身を捧げている。

私が西日本豪雨の被災地、真備町で作業を共にした人の中に、中学生の息子と娘を連れた家族がいた。子供達は夏休みにはどこにも旅行に行かず、被災地での作業を続けるという。話を聞くと父親は阪神大震災で被災しており、多数のボランティアに助けられた経験から、二〇年経って恩返しをと思い立ち足を運んでいた。能登半島地震では、同じく被災を経験した熊本から、車で約千キロを運転し作業に駆けつけた消防士の姿もあった。それは支援の輪が時を経て広がり、全国を巡って循環する姿だった。

また東日本大震災の石巻市、熊本地震の益城町では、一〇〇名を超える学生ボランティアと作業を共にした。被災地に想いを寄せる学生は多くいるが、旅費や滞在費、保険の費用を賄えない苦学生も多い。財団がこの全てを負担し、四台のバスで東京から搬送すると聞きつけ、遠くは九州や沖縄からも学生が集まり、中には外国人留学生の姿もあった。彼らは財団のロゴがプリントされたガムテープを誇らしげに肩に貼り、まだ自衛隊車両が行き来する倒壊した街並みの中を闊歩していた。それは私にとって鮮烈かつ圧倒的な光景だった。

ピュリツァー賞作家であるダニエル・ヤーギンは著書『市場対国家』で、現代史は自由経済と政府の統制がせめぎ合う攻防の歴史だと論じている。ヤーギンが執筆した頃の九〇年代は資本主義経済が世界を席巻していたが、近年ではその市場万能主義に綻びが見え始め、度重なる不況の影響で再び各国の統制への動きが強まっている。我々が頭の中で国と国民の舵取りを考える時、経済と政治の二極対立の構図に執着してしまう。私が被災地の現場で見てきた出来事の数々は、父の非営利活動の長い歴史から見れば様々な公益事業のごく一部だったかもしれない。ただ地道な作業に没頭し少しずつ状況を改善しようと努力している人たちは、紛れもなく二極化した尺度では測れない「第三の力」だったように思う。

世の中には経済の力でも政治の力でも解決できない諸問題が存在する。その多くは問題としてすら喚起されることなく、いわば社会的にネグレクトされた状態で放置されている現状がある。その暗闇にスポットをあて、支援の輪を循環させる非営利セクター、つまり第三の力の構築こそが、父が長年思い描いてきた理想の世界だったのではないだろうか。

時を重ねるにつれ、私は頻繁に実家の父を訪ねるようになった。私がアメリカでの社会問題の実情や被災地での現場の様子を見聞録的に伝えれば、父もそれに対して私見を披露した。時には建築の話題にも触れ、「ルイス・バラガンのピンク色の壁は素晴らしい」、「光の教会を造った工務店は気概に溢れている」などと私の専門分野について事前に調べることも忘れていなかった。親子の会話は次第に歩み寄り、モノローグ（独話）からダイアローグ（対話）へと変化していった。

そこでは国際政治の舵取りに関する事象を語り合ったり、国防と安全保障について考えたり、名著と言われる書籍を交換して読み合い、感想を述べ合ったりもした。私にとっては父との時間が知的欲求を満たす至福の時間だと言っても過言ではなかった。残念ながらこれは、男はどうあるべき、経営者はどうあるべきというような皆さんが期待するような帝王学の授受の場では全くなかった。我々の間では、「自分の仕事の話をしない」、「昨日今日の話をしない」、「儲け話をしない」という不文律が次第にできあがっていたからである。互いの考えは違えども、国の行く末を憂う気持ち、より良い社会に昇華させて行こうという希望を共有して、いつの間にか同じ道を辿るようになっていた。

キリマンジャロへの憧憬

富士山登頂が関係者の間に知れ渡ると、各方面から驚きの声が一斉に上がった。公益財団のトップが自ら労苦を味わい、しかも障害者等級一級を有しながら達成した登頂には大きな価値があった。山頂の強風に煽られながらバナーを掲げる父の姿は、ハンセン病制圧活動に従事する者たちにとってまたとない旗印となり、そのＰＲとしての効果は絶大だった。

ただこれだけのことをやり遂げても、父は未だ納得していなかった。実は父は登頂の際、山頂にある富士山本宮浅間《ほんぐうせんげん》大社で「富士山高齢者登拝者名簿」なるものに記帳をしていた。これは七〇歳以上の高齢者のみが登頂の記念に書き記すことのできるものであり、これを目指して奮闘する高齢者の方々も毎年多くいるという。後日二〇二二年の一年分の登拝者を掲載した名簿が父の元に送付されてきた。最高年齢者は福島出身の女性で、なんと昭和二年生まれの御歳九六歳だった。父は自分の名前が予想より遥か下、三四番目に記載されているのに愕然としていた。上には上がいる。自分もまだまだ高みを目指せるのではと一人奮起していた。

後日父は自身のブログで唐突に発表をする。

「来年アフリカの最高峰キリマンジャロの頂上でハンセン病制圧のバナーを掲げる予定である」

ここまでくると「暴走老人」の極みである。本人としては先に発表をしてしまえば、あとはどうにかなると思っていたのだろうが、迷惑を被ったのは私の方だった。ブログの記載から「財団会長の新たな試み」はあれよあれよという間に拡散し、私の元に事実確認の連絡が次々に入ってくる。関係役員から呼び出され、「お願いだからやめさせて下さい」、「会長の身に万が一のことがあっては」、「こういうことを止めるのが息子さんの役目ではないでしょうか」と懇願され、叱責された。無論家族は全員が反対の立場。「そんなことをして何の意味があるのか」、「現地で倒れるようなことがあったら家族としてどう対応するのか」と誰もが困惑し、端からできるわけがないと相手にしない雰囲気もあった。ただ私は富士登山の際、そのトレーニングに打ち込む姿、岩場での格闘、山頂での咆哮せんばかりの高揚ぶりを目の当たりにしていたこともあり、わずかながら気持ちが理解できる立場にいた。それが父の望みであるならば、たとえ可能性が限られるとしても叶える方策を考える必要があるとも思うようになっていた。

世界中の登山家の憧れとして「Seven Summits」という言葉がある。アジア、ヨーロッパ、北アメリカ、南アメリカ、オーストラリア、アフリカ、南極の計七つの大陸で最も高い「七大陸最高峰」を指す言葉で、この七つ全てを踏破した登山家は世界でまだ五〇〇人ほどしかいない。アジア最高峰のエベレストや北アメリカ最高峰のデナリは、公募登山隊の募集に参加しなければならず、一か月にも及ぶ行程を要し、長時間のアイゼン歩行や荷揚げなど、技術的にも体力的にも極致の世界である。また南極大陸最高峰のヴィンソン・マシフのように移動と輸送にチャーター機を要し、極寒と烈風に阻まれてアクセスすらままならない場所もある。

この中で我々のような一般の人間にも登山ツアーを開放し、「素人でも登りうる山」として知られているのがアフリカ最高峰のキリマンジャロだった。日本からも国内の百名山を制覇した後にこの山を目指す者、また七大陸最高峰制覇の先駆けとしてまずこの山

▲デナリ 6,194m
エルブルス 5,642m▲
▲エベレスト 8,848m
キリマンジャロ 5,895m▲
▲
プンチャック・ジャヤ 4,884m
アコンカグア 6,961m▲
▲ヴィンソン・マシフ 4,892m
七大陸最高峰

を選ぶ者も多い。標高は五八九五メートルに達し、山脈に属さない独立峰としては世界最高となる。アフリカの赤道付近にありながら山頂部に厚い雪を冠したキリマンジャロの姿は、どこか霊峰富士と重なるイメージがあり、日本人には親和性が高い。登山道や山小屋なども整備されており、七大陸最高峰の中では比較的容易な部類に入るとされている。

過去を紐解けば父とアフリカの関係は我々が思う以上に密接そして不可分なものがあった。一九八四年、エチオピアで干ばつを発端とした大飢餓が起きると、餓死者は約一〇〇万人にのぼった。当時のニュースには驚くほどに痩せこけ、顔にたかった蝿すら追い払う体力も持たない子供達の映像が連日流され、欧米からは多くの救援物資が集まるようになる。この頃の父の公益活動のエネルギーはそのほとんどがアフリカに注がれていたと言っても過言ではない。物資による救援は一時的なものであり、根本的な飢餓の解決には至らない。大事なのは農業をアフリカの地に根付かせ、食糧増産の体制を築くことだと提唱し、アメリカのジミー・カーター元大統領、ノーベル平和賞を受賞したノーマン・ボーローグ博士らと、スーダン、タンザニア、ザンビア、ガーナなどのサブサハラの貧農地帯を歴訪した。今から四〇年前に度々キリマンジャロの麓にあるアリューシャ空港に降り立ち、独立峰として聳《そび》え立つ霊峰の姿を何度となく見上げていた。

近年アフガニスタン、シリア、リビアなどで政情不安や地域的な紛争が顕在化するたびに、それに伴い難民や貧困で苦しむ人々の姿が映し出され、アフリカは八〇年代のように世界の公益活動の中心地ではなくなってしまった。次第にアフリカが「忘れられた存在」となりつつある現状に、父は強い危機感を抱いていた。特にハンセン病の問題に限っても、制圧を達成したインド、最後の制圧国となるべきブラジルにスポットがあたりがちだが、アフリカにおけるハンセン病の問題は根深く、そして解決が難しい。国際機関でもアフリカでの正確な患者数は把握しきれておらず、統計上現れているのは実際の二割程度とも言われている。またアフリカ全土に及ぶ独特な習俗が、患者や回復者の人権を著しく侵害している実情もある。たとえばハンセン病を患った人たちはその外見の変容から悪魔に侵された、魔術にかけられたなどと部族から迫害を受け、罵倒され、やがては殺害されてしまう。ここ数年父はマラウイ共和国、中央アフリカ共和国など、日本人には馴染みのないアフリカの小国にも足を運び、感染者が暮らすコロニーや、辺境の密林の中で暮らす種族を訪れている。これらの国々は、国単位でみれば人口一万人に付き一人未満、という数字上のハンセン病制圧が達成されているものの、局地的にみると有病率が著しく高く、それに伴う差別や抑圧も未だに多く存在する。ハンセン病制圧の集大成とも言える「ラスト・ワン・マイル」の達成には、アフリカでの啓蒙活動は不可欠だったのである。

八〇歳を超えキリマンジャロを目指す、という宣言は決して突拍子もない思いつきではなかった。シェルパ氏へのリターン・エールとしても適格な大陸最高峰であること。その姿が富士に近似した独立峰であること。そして何より忘れられたアフリカの地に啓蒙活動を呼び起こすこと。いくつかの想いが残像として重なり合い、父の中では「キリマンジャロ」の姿が憧憬の対象になっていた。

二〇一二年の心臓の手術を終えてからというもの、父はそれまでの「生きている」という状態から「生かされている」という心境に変化してゆく。余生として与えられた時間を、いかに使命感を持って取り組むのか、それが日々の大きな課題となっていた。事実父の海外渡航や国際会議への出席、各地の療養施設への視察などの活動は、手術以降回数を増し、仕事に対する意欲は減退するどころか何かに掻き立てられるかのように高揚していった。その上でキリマンジャロというこれまでに高い挑戦を掲げて、その目標に向かって弛《たゆ》まぬ努力を続ける。これが父にとって何よりの喜びとなっていたのである。

父は常日頃から「問題の答えは常に現場にある」と説いてきた。今まで世界の名だたる国際機関や保健機関、各途上国の高官たちが感染症の蔓延や不治の病と対峙してきた。ただそのほとんどは快適なオフィスを構え、高い背もたれに寄り掛かりながら、論証し部下に指示を出すのみである。これを父は「口舌の徒」と批判する。机の上だけでは答えは見つからない。誰も足を踏み入れない辺境の集落や部族を訪れてこそ、国際機関の調査書からは拾えない真の問題と解決の方法が見出せる。それを実践しているのである。キリマンジャロを目指すという行為は一見無謀なスタンドプレーに映るかもしれないが、常人では理解できない決意表明の裏には、自らの地位に胡座をかく世界の高官たちに、労苦を味わう姿、闘う姿を示すことが最良の妙薬、という独自の道理と熱意が込められていたのである。

第3章

現地視察

先遣隊の結成

キリマンジャロはタンザニアの北東、ケニアとの国境近くに位置し、いくつかの国立公園に囲まれた自然豊かな環境にある。サバンナを横切るゾウの群れとその背景に高く聳《そび》えるキリマンジャロ、そんな構図の写真を多くの人が目にしてきただろう。赤道直下にもかかわらず山頂部に氷河を抱く独立峰の特異な姿は多くの人々を魅了し続けている。

一九五二年に公開されたグレゴリー・ペック主演の「キリマンジャロの雪」は、ヘミングウェイの小説を映像化したもので、オープニングにはWhite Capとも呼ばれる厚い雪で覆われた山頂が登場する。ただこの山頂の氷河や積雪は、近年急速なスピードで消失しつつある。二〇〇六年に元アメリカ副大統領のアル・ゴアによる地球温暖化を主題とした「不都合な真実」の中でも、このキリマンジャロ山頂の氷河減少はセンセーショナルな出来事として象徴的に取り上げられていた。一〇〇年前と比べると現在の氷河の面積は八割以上も失われ、二〇四〇年代には氷河は消失するだろうとも予測されている。この消え行く「キリマンジャロの雪」を目に焼き付けておこうと登頂を急ぐ者も多い。

キリマンジャロに実際に挑戦した人たちの体験談を確認すると、「思ったよりも簡単に登頂できた」とその容易さを述べる者、また「こんなに過酷な状況になるとは思わなかった」と途中で断念した者の意見が混在している。実際に登頂成功率は六五％と言われ、軽はずみな準備で臨めば簡単に弾き返される難易度を要しているように思えた。

キリマンジャロへの登山準備を本格化させるまでに、間違いなく必須だと思われたのが現地の「下見」である。現在のインターネット上の検索やレビューで何かと情報が手に入るが、高齢の父を連れて行くとなれば、通常より詳細な情報が欲しいところである。大企業や大きな組織であれば、役員クラスが視察や出張を行う場合、下の者が事前の下見をして、動線や注意事項、タイムスケジュールを確認するのが普通だろう。今回の遠征及び登山についても、誰かが事前に試行をし、その経験を元に行程を調整する必要があると思っていた。

そんな折、父の方から

「ちょっと現地を一度見に行ってくれよ」

との要請が来た。まるで「銀座に良い店ができたみたいだから、俺が行く前にどんな感じか見て来いよ」くらいの軽い頼み方だった。私も遠征や冒険と名のつくものには喰らいついてしまう傾向があるから、その性格を買われたというか、上手く利用されたのかも知れない。

世界のバックパッカーが各国を訪れる際、必ず読み込まれているのが『Lonely Planet』という旅の紹介書籍である。全世界で六〇〇〇万部の売り上げを誇る、欧米版『地球の歩き方』と言ったらわかりやすいだろうか。その紹介文を多数寄稿しているイギリス人のライターが数年前に告白をし、記載の内容のほとんどがインターネットの情報を基に書き上げたもので、本人はその都市どころかその国にさえ一度も足を運んでいない、という事実が発覚した。そんなことが影響してか、私はいつの間にか巷に溢れる紹介情報やレビューなどを鵜呑みしないようになっていた。現地を実際に訪れた人の経験こそが重要な情報であり、そのためには現地を実際に歩き、原風景を肌で感じる必要があると考えていたのである。

当時二〇二二年の一〇月、私はキリマンジャロの先遣隊の準備を始めた。キリマンジャロには雨季、乾季が交互に訪れ、やはり雨量の少ない乾季が登山には適切な気候となる。特に九月の大乾季と二月の小乾季はベストシーズンとされ、この時期に照準を合わせる登山者は多い。我々は次のベストシーズン、四か月後の二月にはなんとか間に合わせることができるのではと考えた。

私自身登山に造詣がそれほど深い訳でもなく、体力のある者三人程度のグループで挑めればと安直に考えていた。ところがアウトドアを愛好する日本のどの友人知人を頼っても、「急にアフリカに行くと言われても」、「三〇〇〇メートル級も登ったことがないのに」、「仕事に長期穴は開けられない」との理由で立て続けに断られた。富士山登頂時の山岳ガイド探しと同じ苦労を強いられてしまう。

その時頭をよぎったのがアメリカ時代の友人たちだった。アメリカは日本より早くコロナ禍の緊急事態の解除が進み、それまで控えられていた海外渡航も盛んになっていた。長期に渡って自宅隔離を余儀なくされていたアメリカ人たちにとっても、キリマンジャロは魅力的な話になるだろうと思った。

一通りの声掛けの後、参加表明をしてくれたのはニューヨーク在住のハミルトン・ハデン、ヘール・エベレッツの二人だった。ハミルトンは私と同じ建築士で、夏場は山奥に籠りキャンプ、冬場は高山のアイスバーンでスキーをこなす、大自然をこよなく愛す髭面の山男だった。もう一人のヘールは大学院時代、ハウスシェアをして三年間一緒に生活していた間柄で、学生時代はアイスホッケーのトップリーグでならした運動万能型の男である。実は二人とも私の結婚式でわざわざ訪日してくれた経緯があり、父とも交友があった。「あのミスターササカワのためなら」と男気を見せてくれたのである。二人とも六フィートを優に超える身長で、一八〇センチの私と並んでも頭一つ抜け出る。私自身もここ数年はトライアスロンに打ち込み体の持久力には自信を持っていたから、この三人が集まればなんとか山頂まで辿り着けるのではと、期待を高めていた。

事前情報の収集

我々三人はそれぞれ遠方に住みながらも当時コロナ禍で頻繁に行っていたweb会議のツールを使って、キリマンジャロ登山を実現させるための打合せを行った。特にキーポイントとなるのが、①気候帯、②ルートの策定、③装備品の選定、④登山企画会社の選定、⑤高山病対策、の五項目である。ここではキリマンジャロ登山にあたっての諸情報も含めて、我々が調べた内容を紹介しておく。

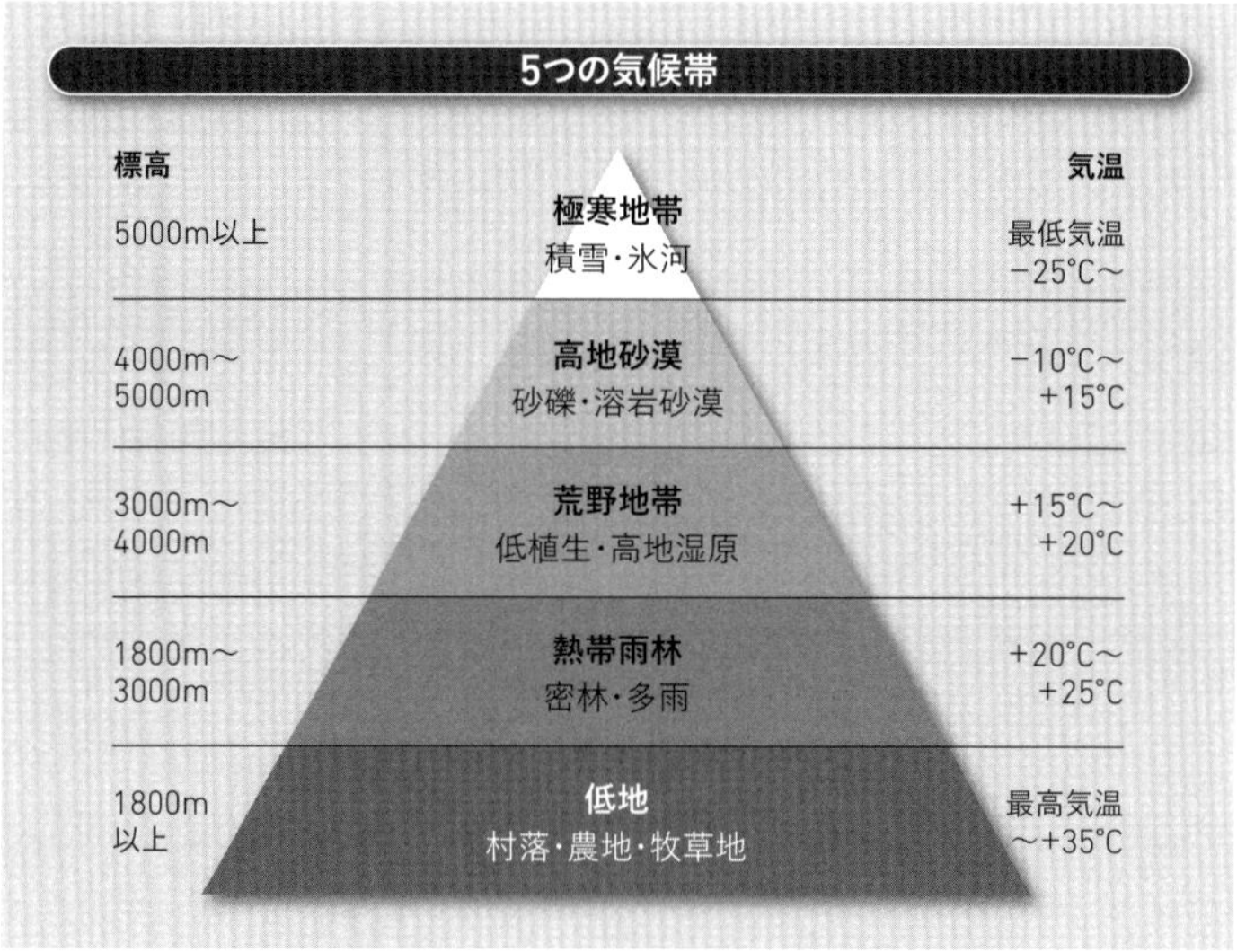
5つの気候帯
標高
気温
極寒地帯
積雪・氷河
5000m以上
最低気温
−25℃〜
高地砂漠
砂礫・溶岩砂漠
4000m〜
5000m
−10℃〜
+15℃
荒野地帯
低植生・高地湿原
3000m〜
4000m
+15℃〜
+20℃
熱帯雨林
密林・多雨
1800m〜
3000m
+20℃〜
+25℃
低地
村落・農地・牧草地
1800m
以上
最高気温
〜+35℃

①気候帯

他の大陸最高峰と比べてこの山が特異なのが、登山中に体験する気候帯の数である。下から低地、熱帯雨林、荒野地帯、高地砂漠、最後は極寒地帯と、五つもの気候帯が存在する。低地では人々が暮らし農耕が行われ、運がよければゾウやキリンに出会える。熱帯雨林はジャングルそのもので、三〇メートルほどもある高木の間をうねりながら進む道となる。荒野地帯では植生が低くなり、セネシオやロベリアなどの特徴的な形の植物が点在する。高地砂漠では、森林限界を超え、砂礫や石屑ばかりの光景となる。極地帯には氷河が横たわり、降雪や積雪も多い。低地では夏日の二五度前度の気温でありながら、山頂ではマイナス一五程度まで気温が下がる。この四〇度の気温差に適応して、いかに体力を温存できるかがポイントとなる。

②ルートの策定

キリマンジャロには図の通り、シラ、レモショー、マチャメ、ウンブウェ、マラング、ロンガイ、ノーザンサーキットの計七つの登山ルートが存在する。富士山は山頂を目指すにあたって東西南北から計四つのルートが存在するが、キリマンジャロも同様に周囲

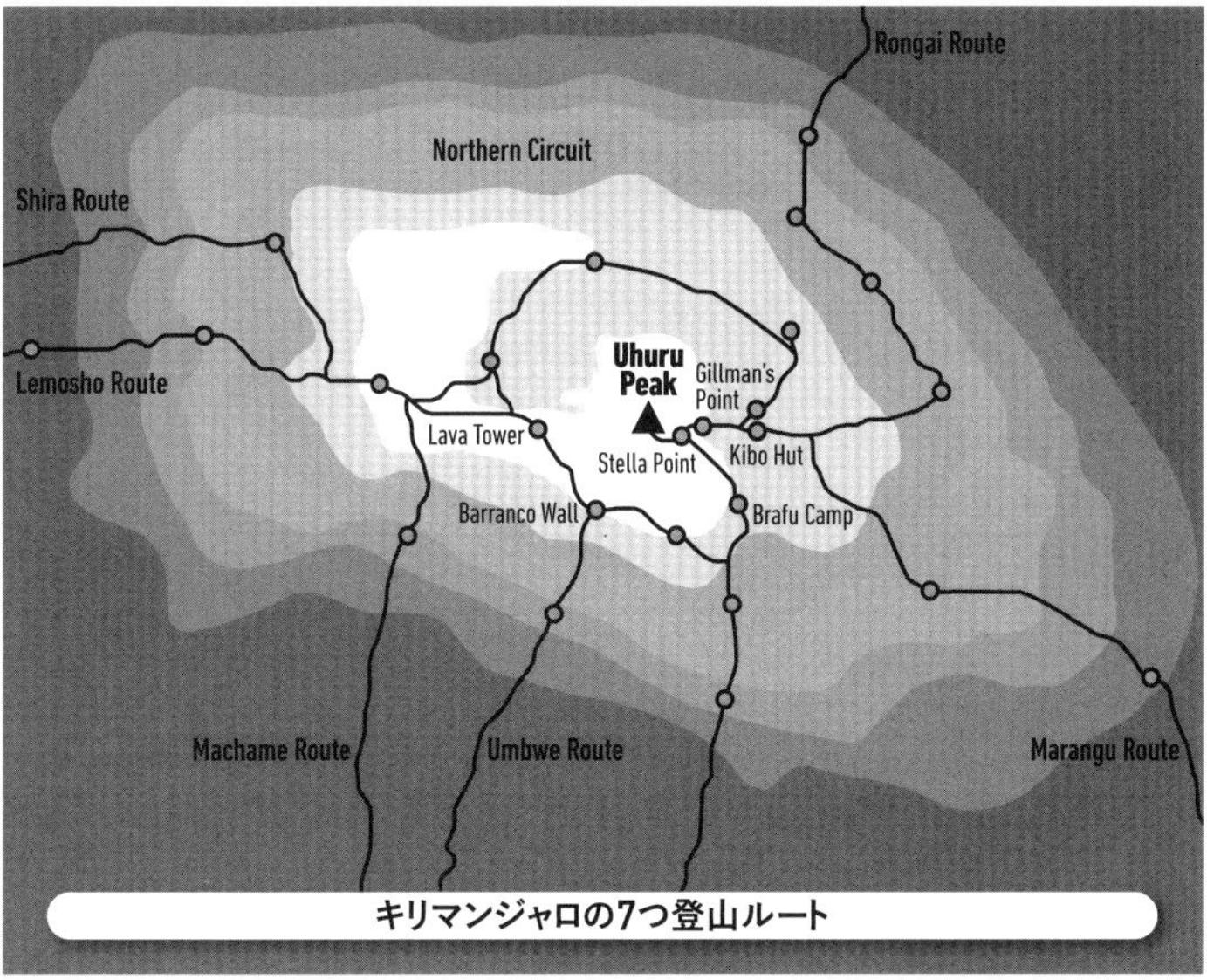

7つのルート比較				
登山ルート	登山日数	距離	難易度	登頂成功率
Sira Route(シラルート)	6〜7日	58km	中	85%
Lemosho Route(レモショールート)	6〜8日	67km	中	85%
Northern Circuit(ノーザンサーキット)	7〜9日	88km	高	95%
Machame Route(マチャメルート)	6〜7日	61km	中	80%
Umbwe Route(ウンブウェルート)	5〜6日	48km	高	70%
Marangu Route(マラングルート)	5〜6日	70km	低	55%
Rongai Route(ロンガイルート)	6〜7日	74km	低	80%

の各地点に入山ゲートが設けられ、異なるキャンプ地を経由しながら同一の頂上を目指すのである。

通称「コカコーラ」ルートと呼ばれる最も観光化されたルートがマラングである。途中のキャンプ地には「ハット」と呼ばれる山小屋があり、雨風をしのいで寝泊まりができ、食堂やトイレも併設されている。他の六つのルートはいずれもテント泊となり、野宿に徹し水場やトイレが全くないキャンプ地も多い。ちなみに欧米の登山者に人気があるのが街からのアクセスもよく、比較的短い距離で様々な景観を望めるマチャメだという。登頂の体験談をチェックすると大概がマチャメだった。

ここで重要なのが、各ルートによって難易度と登頂成功率が異なることである。たとえばノーザンサーキットは難易度では難しい部類に入るものの、山中での日数が多く、高度順応が十分に施されるためか成功率も高い。逆に前述のマラングは、ハットに泊まれる手軽さがあるものの、日数が少なく、高度順応に不向きで成功率が低くなる。ルートに要する日数や距離が短いから楽に登れる、というわけではないのである。

我々はこの中でレモショールートを選択した。理由としては成功率が高いこと、景勝地が豊富なこと、登山者で混み合わないこと、ほどよい難易度であること、などが挙げられる。またルート的にキリマンジャロの北西側から入山し、南東側から下山するため、キリマンジャロ全体を縦断することで、全ての気候帯や登坂環境を経験できる。事前調査ではこの上ないルートだと判断した。

日数は短いものは五泊からあり、追加費用を払えば六泊、七泊と日程を増やせる。我々はスタンダードな六泊七日を選んだ。

③装備品の選定

前述のように四〇度に及ぶ温度差を克服するため、山中の衣服の選定はかなり重要である。一日目は夏日のように暑く、欧米の登山者は半袖半ズボンの者も多い。二日目三日目と五度～一〇度ずつ気温が低下してゆくため、長袖のベースレイヤー、フリース、ライトダウンと徐々に重ね着をしてゆくイメージである。

山頂アタックは深夜に行われ、マイナス一五度の極寒の中を進むため、上半身は五枚のレイヤーを、下半身は三枚のレイヤーを重ね着するようにアドバイスされた。八〇〇～一〇〇〇フィルパワーの分厚いダウンジャケット、厳寒期用のグローブ、顔を寒さから防ぐバラクラーバ、ヘッドライトを装着するのはこの晩のみとなる。

一日目の熱帯雨林、二日目の荒野地帯などは時折急な雨に降られることも多く、ゴアテックスのレインギアは必須で、シューズも防水加工のあるものを薦められた。どのルートにおいても、一日一〇キロ前後、総長七〇キロほどの距離を歩くため、硬質なアルパインシューズではなく、ソフトソールのキャラバンシューズが歩きやすい。またトレッキングポールは脚の負担を軽減するためどの登山者も一様に使っており、土ぼこりから足首を守るゲーターの着用も必須とのことだった。

また意外な難敵が紫外線で、高度が上がると強烈な日照により肌の日焼けだけでなく眼球の角膜炎を起こす恐れもある。UVカット率九〇%以上のサングラスをつけ、肌の露出部分には常に日焼け止めを塗り、ネックゲーターで首や耳などを覆う必要もあった。

④登山企画会社の選定

キリマンジャロは登山者による単独での入山、行動が許されておらず、必ず国立公園の認定を受けた現地のポーターを帯同して登らなければならない。キリマンジャロ登山においておそらく最も重要なのが、このポーターたちを束ねている登山企画会社の選定である。

登山企画会社はざっと調べただけでも大小六〇ほどの業者が乱立しており、中にはアメリカやイギリス、南アフリカなどのアドベンチャーツアー会社が仲介する、金額が驚くほど高価なものもある。結局のところ現地のタンザニア人がポーターを務めることは分かっていたので、我々は現地の登山企画会社との直接交渉に臨んだ。一〇社ほどに絞り込んだ後、金額や日程、レスポンスの誠実さから麓のモシ市内で活動するアルテッツァ社を選んだ。数年前に当時の最高齢記録である八六歳の女性を登頂させた実績が、高齢の父を帯同するという面からもアピールポイントとなった。

ちなみにポーターとはエベレストではシェルパと呼ばれるいわゆる荷揚げ屋であり、我々登山者の大きな荷物を担いで次のキャンプ地まで運んでくれる、縁の下の力持ちである。常に登山者を先回りして次のキャンプ地に進み、先にテントやその他の設営を行い、登山者の到着を待つ、という周到なロジスティックを実践してくれる。

ただ近年、安い賃金でポーターたちに荷揚げをさせ、夜には零下の気温の中をテントなしの野ざらしで過ごさせる、という一部の登山企画会社の劣悪な労働環境が問題になっていた。単に料金が安いといった理由で選ぶと、それだけ彼らは疲弊し、当然対応も悪くなり、登頂成功率も低くなる。料金体系の背景を理解し、ポーターに十分な報酬を与え、働きやすい環境を作ることも登山者に課せられた使命なのである。格安のツアーもいくつかあったが、おおむね入山料を含めた一人当たりの登山料金は二〇〇〇USD前後といったところである。

またこれとは別にポーターたちへはチップが発生する。登山終了後にお世話になったポーター、また要所で奮闘してくれたポーターに、総額で登山者一人あたり二〇〇～二五〇USDくらいの現金を手渡す。

それぞの登山企画会社がweb上にツアー募集を掲示しており、たとえば「×月×日、ロンガイルート、残り×名」といった形で表記されている。通常六～一〇名程度のグループとなり、国籍、性別、年齢も異なる人々と一緒に隊列を組み、山中での数日間の生活を共にするのである。我々の場合は各ツアーのスケジュールが合わず、今回「事前調査」という重要な任務を負っている事情をアルテッツァ社に相談すると、特別に我々三名のみのプライベートツアーを組んでくれた。

⑤高山病対策

我々が最も恐れていたのが高山病である。事前に調べると一般的なキリマンジャロの登頂成功率は六五％ほどであり、脱落者のほとんどが高山病の諸症状によるものだった。統計上は一〇〇人に一人は脳浮腫や肺水腫、急性低酸素症といった重症に陥り、一〇〇〇人に一人の死亡事例があるという。

web会議では実際の登山経験があるアメリカ人の友人に加わってもらい、数年前の登頂の様子を紹介してもらった。彼は普段からジムで体を鍛え上げている「精鋭」四人でマチャメルートから登頂を試みたという。途中に一人また一人と高山病による強烈な頭痛や吐き気に苦しみ下山を余儀なくされ、結局のところ山頂に到達できたのは彼一人だったというのである。

日本からも多くの登山者が今までに挑戦しているが、日本百名山を踏破した登山愛好家でさえも高山病で脱落したケースもあった。五八九五メートルの山頂付近は気圧が一気に低下し、それに伴って酸素が地上の四七％まで減少する低酸素の環境となる。これに体が順応できなくなり、食欲低下、嘔吐、倦怠感、めまい、睡眠障害などの諸症状を引き起こすのである。これには普段体を鍛えているとか、体力があるとかとは関係なく、単純に身体に高所への耐性があるかないかが決め手となる。一説には普段酸素を必要とする筋肉質の若者よりも、省エネ型で燃焼の少ない高齢者の方が高山病にかかりにくい、とも言われている。

私は今まで三四〇〇メートルのクスコや三七〇〇メートルの富士山で高山病の諸症状を経験しており、正直高所に強いとは言えない体だった。六〇〇〇メートルに達しようとする低酸素の世界にどう対応したら良いだろうと自分なりに調べを進めた。

まず重要なのが水分の補給である。キリマンジャロでは乾燥した大気によって多くの水分が発汗で奪われる。血液中の水分量は減少し、さらに低気温になると血液は粘性を増してゆく。結果として身体中に酸素が行き渡りにくくなり、高山病を発症するのである。対応として一日に最低でも三リットルは水分を補給する必要があるという。我々は二リットルのハイドレーションをバックパックに仕込み、登山中は絶えずチューブから水分が取れるようにした。また別途〇・五リットルの水筒で暖かい紅茶を飲み、残り〇・五リットルを食事中に摂り、一日の水分摂取量を賄おうと考えた。

もうひとつの対策が高山病予防薬「ダイアモックス」の服用である。血中の酸素量が増し、呼吸を改善し、頭痛やめまい、吐き気などの高山病の諸症状を緩和してくれる。通常二五〇ミリグラムの錠剤を半分にし、一二五ミリグラムずつを朝と晩の二回服用する。ただこれには頻尿という副作用があり、夜間睡眠時には何度も起きてトイレに行かなければならない。登山家の間ではこのダイアモックスの服用に否定的な意見もあったが、高山病に苦しむくらいなら、と我々は三人ともこの薬の服用を決めた。

山中の行程の中で重要な位置を占めるのが高度順応である。キリマンジャロではどのルートでも、目的のキャンプ地よりも数百メートル高い高度に一度に登り、キャンプ地の低い高度まで降りて宿泊するのが習わしだ。こうすることで身体はより厳しい高地の環境に順応し、夜間に少し酸素量の多い場所で体を休めることができる。「Climb High, Sleep Low（高い所へ登り、低い場所で寝る）」という標語があり、我々も七日間の行程には、三日目と五日目にこの高度順応の日を設けた。

さらに私は、登頂を実施するまでの四か月間、富士山登頂時にも利用した豊洲の低酸素ジムに通い、高所の環境に耐性のある身体作りを目指してトレーニングを重ねた。

レモショールート登頂

二〇二三年二月初旬、我々三人は互いのスケジュールになんとか折り合いをつけ、レモショールートからの登頂に挑戦する日を迎えた。後に父が実際に挑戦する山小屋を利用するルートとは異なるものの、一般的なテント泊での登山の様子がどんなものであるか、キリマンジャロのルート策定の参考にしたい読者もおられるであろうから、比較対象としてここにざっと我々の体験を記しておこうと思う。

我々三人は東京とニューヨークの中間、スイスのチューリヒを中継地として合流し、スイスエアーでタンザニアのキリマンジャロ空港へと向かった。南下する航路のため、時差調整も容易に行うことができた。キリマンジャロへ向かう機内は、登頂に挑戦する人たち、はたまた家族でサファリを楽しむ人たちで賑わっていた。

キリマンジャロ空港で入国審査の長い列に並んでいると、登山用のバックパックを背負う前後の人々と立ち話となる。「どのルートで登るのか？」、「何日かけるのか？」などとお互いの計画を確認しながら話が弾んでいる。ここで驚いたのがヨーロッパのみならず世界中から登山者が集まっていること、そして年配の方々が意外と多いことである。話を聞くと、

「若い頃に登ろうと思っていたら仕事と子育てに追われて機会を逃してしまった。子供がそれぞれ家庭を持つようになって、やっと二人で昔の憧れを実現しに来たんだよ」

こう話す仲睦まじい老夫婦もいた。それぞれが長年の夢を叶えるためにに一大決心をしてここまで来ているのである。

空港では前述のアルテッツァ社の出迎えがあり、スタッフと専用車に乗り込み、四〇分ほどかけて山麓のモシ市内に移動した。途中曇り空の切れ間からキリマンジャロが姿を現し、スタッフが気を利かせ道路脇に車を止めてくれ、高台に登って初めて山の全景を目にすることができた。キリマンジャロは地図上では斜めに楕円を描くように裾野を下ろしており、空港方向から見上げると、南西側の大きな斜面が目の前に立ちはだかるように広がっている。その大きさたるや富士山の二倍はあろうかと思える迫力だった。まるでクリストファー・ノーラン監督が映画で描く壮大な造形の世界に飲み込まれたかのように圧倒され、同時にこれからあの山頂を目指すのかと思うと、おのずと興奮と緊張が混ざり合うような心境となった。

モシ市内のホテルに着くと、休憩後間もなくスタッフによるブリーフィングと登山用具のギアチェックが始まる。ブリーフィングでは六泊七日の行程の説明、登山中の飲み水、ダイアモックスの服用などについて説明があった。キリンマンジャロは環境保全のためにペットボトルの持ち込みが禁止されており、一度山中に入ると飲み水は基本的に各キャンプに近い自然の沢の水を飲む形となる。ポーターたちが汲み上げた水を濾過、煮沸し、消毒薬を混ぜて我々に提供される。ただ匂いや味に苦手な人もいるようで、電解質のスポーツパウダー（ポカリスエットの粉末など）を溶かすことを勧められた。

ダイアモックスは入山前夜、つまり今日の晩から服用を始めるように指示があった。それ以降一二五ミリグラムずつを飲み分け、山頂アタックの直前には多めの二五〇ミリグラムを飲むということだった。またよくある過ちとして、マラリアの予防薬との併用がある。予防薬の成分がダイアモックスの効果を抑制してしまい、効果が薄れてしまう。また高度一八〇〇メートルを超えるとマラリアを媒介する蚊は発生しないので、予防薬は飲まないようにと注意を受けた。

各自の部屋に場所を移すと、ベッドの上に登山用の装備を一式並べ、スタッフの厳しい目でギアチェックが行われる。アルテッツァからは事前に計二六項目に及ぶ装備品のリストが送られていた。レインギアは撥水性があるか、ヘッドライトに予備電池はあるか、サングラスはUVカット率を満たしているかなど、細部にわたる厳しい手荷物検査となる。特に山頂アタック時の装備は厳寒の中、命に関わるものとあって、全てのアイテムに詳細な確認があった。
モシ市内はキリマンジャロに挑む登山者で賑わっており、万が一装備品に不足がある場合は、山岳用のレンタルショップで調達できる。手ぶらの軽装で市内に現れ、全ての装備品をレンタルした強者までいたという。

出発当日の朝、我々の頭を悩ませたのが荷物の重量問題である。山中に持ち込むバッグは、登山中に背中に背負うバックパックと、ポーターに預けて荷揚げしてもらうダッフルバッグに分けられる。バックパックは三〇リットルほどの大きさで、登山に必要なレインギアや携行食、ハイドレーションを納める。かたやダッフルバッグは九〇リットルほどの大きさがあり、七日間の着替えやシュラフ、カメラやバッテリー、常備薬や非常食など、さらに宿泊時に必要な全ての物を納める必要がある。実はポーターへの過度な負担を避けるため、地元のＫＰＡＰというポーターの組合は、一人当たりのダッフルバッグの重量を一五キロ以内に収めるよう規制をかけている。宿泊先のロビーには体重計があり、重量オーバーがあればすぐに中の荷物の中身を間引く必要がある。我々は装備品に完全を期したせいか三名とも若干のオーバーとなり、泣く泣くいくつかの衣類や非常食などを抜き取ってダッフルバッグをポーターたちに預けることになった。

入山ゲートまで移動するバスに乗り込むと、後部座席は今回の登山をサポートしてくれるタンザニア人たちの熱気で溢れていた。現地の登山企画会社が用意する人員は、登山の案内人である「ガイド」と、荷上げの「ポーター」に分かれる。今回我々の登山に同行するガイドは、チーフガイドのキバッチャとアシスタントガイドのオネストの二名。キバッチャは今までに二〇〇回以上の登頂に参加したベテランで、オネストは若くして働き盛りとあって、四日前に別のルートから下山したばかりだという。キバッチャの手元には無線、GPS、ファーストエイドキット、酸素ボンベが並び、緊急時の対応も万全、と言わんばかりの雰囲気だった。片やポーターは一四名から構成され、七日分の食事を現場で調理提供してくれるシェフとウェイター、テントの設営係、ポータブルトイレの設営係まで含まれていた。我々をサポートするタンザニア人たちは計一六名に及んだ。我々三人のためにこれだけの人員が動いてくれるのである。キリマンジャロ登頂ががいかに労力を伴うことなのかをあらためて痛感した。

我々のルートはキリマンジャロの北西側から入山するため、隣接するケニア側のアンボセリ国立公園の動物たちに出くわす機会も多い。車で移動する途中、林の中から現れたキリンに並走され、アフリカ初体験のハミルトンを大いに驚かせた。車はランドローシゲートから入場し、初日の登山は熱帯雨林の上端あたりで始まった。

最初の二日は一六キロの距離、標高差は四〇〇メートルを登ってゆく。計算上はわずか二～三%の傾斜であるから非常に緩やかな勾配である。ガイドが先導しペースを守る。すでに標高三〇〇〇メートルを超えているため、高山病の影響を考慮し、歩く速度はおよそ時速二キロほどに抑えられている。通常の歩行速度は四キロと言われているから、牛歩さながらである。我々が少しでもペースを上げようものなら、「ポレ・ポレ（ゆっくりゆっくり）」とスワヒリ語で自制を促される。

夜はシラ峰近くに点在するシラ1キャンプ、シラ2キャンプに滞在した。この時点では夜間でも五度程度の気温があったため、テント内での寝泊まりはそれほど苦労しなかった。通常は二人用のテントに二人ずつの登山者があてがわれ、テント内は二人分の寝袋で一杯になる。また不幸にもいびきや寝相の悪い登山者と一緒になってしまった場合、睡眠不足は避けられない。今回は特別に三つのテントを手配され、一人がソロテントを占有できた。ダッフルバッグもテント内に引き込むスペースがあったので、毎日の荷物の整理も楽に行えた。

実はテント泊では、このダッフルバッグの荷解き、荷造りにかなりの労力が費やされる。標高が上がってくると荷物の整理だけで息が上がってしまう。また突然の雨に降られるとポーターが担いでいる我々の荷物は濡れてしまうため、ダッフルバッグの素材は防滴仕様となり、中に納める荷物もドライバッグに小分けし、万一の浸水を防ぐ必要がある。自分の衣服や装備は、できるだけ使用する順序や用途を意識して小分けにし、すぐに目的の物を取り出せるようにしておくと、七日間の登山活動がよりスムーズなものになる。

各キャンプ地では朝、晩の二回にチーフガイドによるメディカルチェックが行われる。頭痛や体の疲労度などは自己申告に基づくが、一点ごまかしようがないのが酸素飽和度（SpO_2）の測定である。コロナの診察の際にも使用されるパルスオキシメーターを指に装着して数値を測る。通常地上では九六～九八％の値が出るが、高所では八〇～九〇％を推移する。数値が低ければそれだけ高山病のリスクが高いとの判断となり、八〇％に満

レモショールート登頂行程

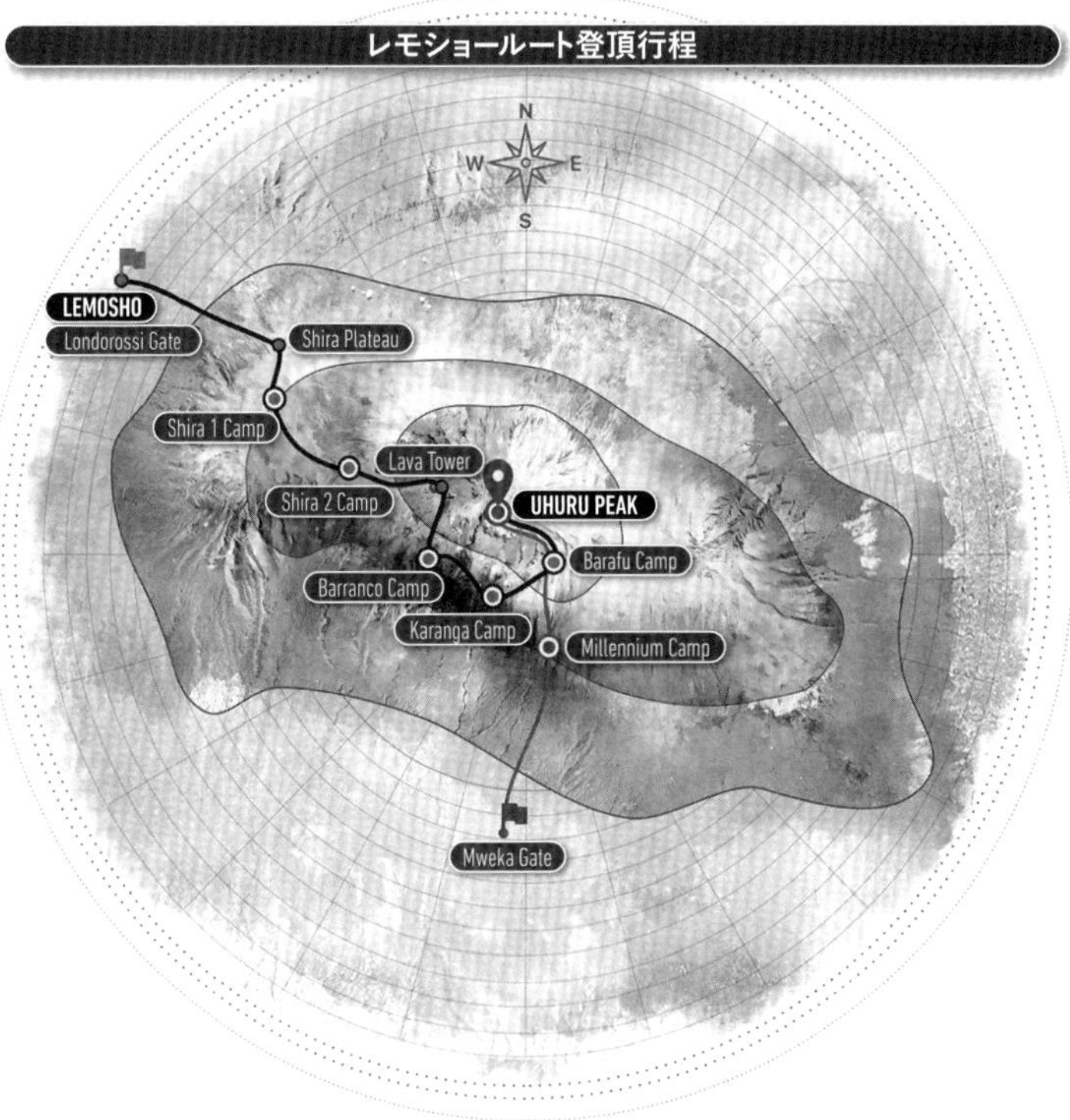

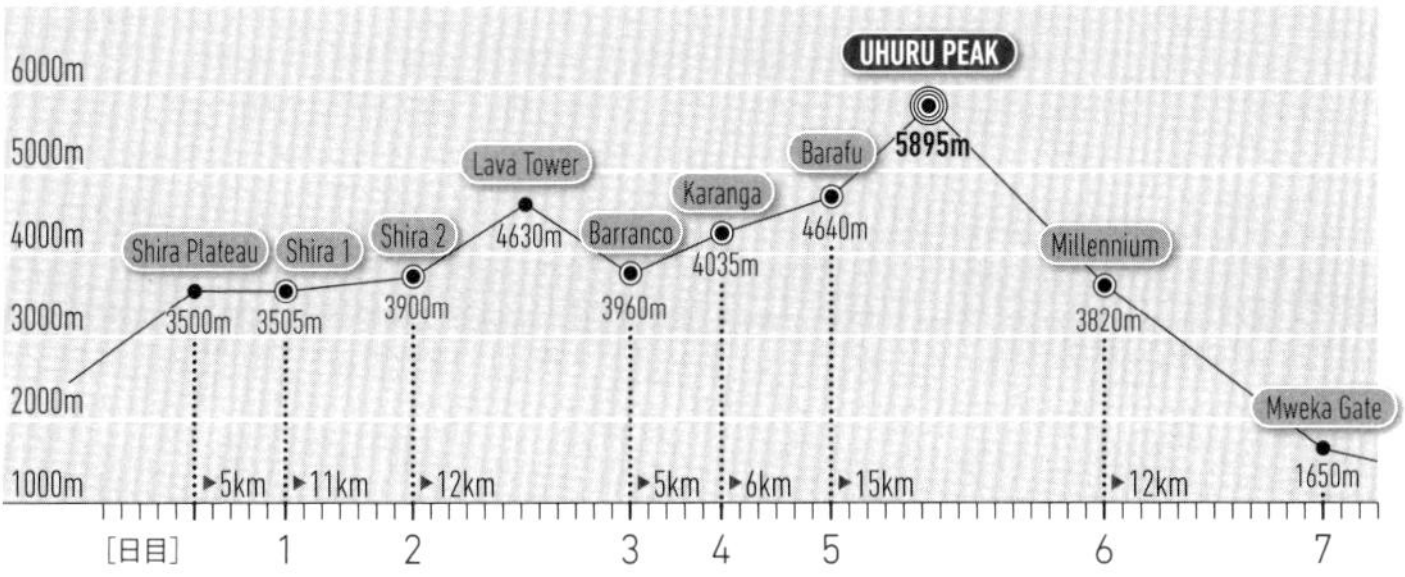

たない場合には強制的に下山を促される場合もある。途中で降ろされるのだけは避けたいと、我々三人もこのメディカルチェックの際には、毎回できる限り呼吸を整え、冷徹な判断を下しそうなキバッチャに対して緊張した面持ちで臨んでいた。

キリマンジャロの登山経験を優雅に彩るのは、独特の紅茶文化である。タンザニアは一九六一年に独立するまで英国の植民地だった。その名残なのか車両は左側通行で、食事と休憩時には当たり前のように紅茶が振る舞われる。この紅茶のサービスが、地上数千メートルの山中でもウェイターによって実施されていることに我々は驚いていた。登山がスタートし数時間歩いて辿り着いた休憩場所に、テーブルクロスをまとった台が用意され、クッキーとともに熱々の紅茶が用意されているのである。ティーカップのハンドル部分を指で摘んで飲み始めると、登山ギアを身につけた髭面の我々も急にエレガントな気分となり、英国紳士たちはこうやってキリマンジャロのルートを開拓してきたのかとの思いに耽《ふけ》った。実は山中での水分補給は前述の通り高山病を克服する上で必須である。この間断ない紅茶攻勢が、いつの間にか一日の必要摂取量の多くを満たしてくれるのである。

トイレ事情はお世辞にも整ったものとは言い難い。欧米のこれほどの規模の国立公園であれば、登山道にもトイレが整備されるか、自ら持ち帰る、というマナーが徹底されている。残念ながらキリマンジャロではそこまでの設備はなく、山中では基本的に茂みに隠れて「野に還す」のが基本となる。登山グループは多国籍のメンバー構成となり扱う言語も異なる。また女性の登山者も多くいることから、用を足す際には隠語で合図をする。登山中に隊列を離れ、茂みで「小」をする際には「I am sending an email.(メールを送ってくる)」と言う決まりになっていた。「大」の場合はというと「It's an email with an attachment.(添付ファイルも送ってくる)」と付け加える。大きな茂みや巨石の裏側は頻繁に利用されるため、注意しないと他人の落とし物を踏んでしまう。そのたびに我々は「リトル・キリマンジャロがあるから気をつけろ」と半ばふざけて警告していた。

この登山での最初の難関は、三日目のラヴァタワーへの登頂だった。この場所は溶岩石が積み重なった六〇メートルほどの岩塔で、キリマンジャロの景勝地の一つであり、多くの登山者が集まってくる。三九〇〇メートルのシラ2キャンプから四六三〇メートルのラヴァタワーまで登り、再び三九六〇メートルのバランコキャンプまで降りて来るという、非常に過負荷の高い高度順応となる。キバッチャ曰く、ほとんどの人がこの標高は初めての体験であり、必ず誰かが強烈な頭痛や嘔吐に見舞われるという。

この日ヘールは前日から続く腹痛に悩まされ、苦悶の表情で登山を続けていた。中腹に差し掛かった際、岩陰に駆け込むと、激しく二度嘔吐を繰り返した。私もラヴァタワーに到着した頃には視界が狭まり、呼吸が浅くなるという高山病の症状を味わっている。体で受け止める「圧」はまるでゾウの巨体がのし掛かるかのようだった。ただ後に高度を下げ、次のキャンプ地であるバランコキャンプに着く頃には皆体調が回復している。高山病の特効薬は下山して高度を下げることだということを、身に染みて体験する日となった。

テント泊はなかなかの苦行だった。三日目になると夜間の外気温は零下になり、フライシートは結露で凍りつき、寝袋の中でも凍えてダウンジャケットを着込むようになる。ダイアモックスの副作用による頻尿で、就寝中少なくとも四回はトイレに駆け込んだ。そのたびに寝袋から抜け出し、テントと前室のジッパーを外し、トイレ係が設営した小さなポータブルテントのジッパーを開けて、ヘッドライトの灯を頼りに用を足すのであ

る。ヘールとハミルトンは、

「自分の衣服も含めて、夜中に何度ジッパーを上げ下げすれば良いんだ」

と半ば呆れて失笑していた。私はこうなることを予想しており、事前に用意したソフトボトルを尿瓶としてテント内で使っていた。ソロテントだからなせる技ではあるが、一・五リットルの容量が翌朝には尿で一杯になり、ダイアモックスの強烈な利尿作用に面食らっていた。

四日目のハイライトは、キリマンジャロきっての名所「バランコウォール」である。キャンプ地から渓谷を挟んで見上げると、登山者を意図的に遠ざけようとしているかのような巨大な岩壁が目の前に屹立している。望遠カメラを覗き込むと、早朝に出発した登山者が蟻の行列のように岩壁を蛇行しているのがわかる。

ここからはマチャメやウンブウェなどの他のルートからも合流があり、ボトルネックとなり非常に混み合う。我々は前後の隊列のペースを考えながら、トレッキングポールを畳み、グローブを着けた手で岩肌を掴みながら登って行った。途中「キッシングロック」と呼ばれる、岩肌に頬擦りしながらでないと通れないという狭小の足場もあった。足を踏み外せば渓谷へ滑落といった危険な場所にもかかわらず、頭に荷物を担いだポーターたちが淡々と通過する様を見て、タンザニア人の強靭な足腰に感嘆の声をあげていた。

五日目、標高四〇〇〇メートルを超えるカランガキャンプでは、ガイドとポーターが一斉に集まり、手拍子と踊りを交えて「ジャンボ・ブワナ」を歌ってくれた。これはキリマンジャロ登山において我々登山者を歓迎し、鼓舞してくれる一種の応援歌である。カランガあたりではすでに三五キロくらいを踏破しているため、疲労困憊している者も多い。その日の朝はあちこちの登山グループからこの歌声が響き渡り、眼下の雲海に囲まれた絶景のキャンプ地において、多国籍の登山者たちが一様に高揚感に包まれることとなる。元々は八〇年代にケニアで流行したスワヒリ語の歌らしいが、今では各ポーターたちがそれぞれのアレンジを加え、キリマンジャロ登山には欠かせない歌声となっている。おおよその歌詞と意訳を記しておく。

Jambo, jambo Bwana（こんにちは、こんにちは旦那様）
Habari gani（ご機嫌いかがですか？）

Mzuri sana（とても元気です）
Wageni, mwakaribishwa（お客様、ようこそいらっしゃいました）
Kilimanjaro, hakuna matata（キリマンジャロは問題なし）

Tembea pole pole, hakuna matata（ゆっくり歩けば問題なし）
Utafika salama, hakuna matata（無事に辿り着けば問題なし）
Kunywa maji mengi, hakuna matata（水をたくさん飲めば問題なし）

非常に陽気で楽観的な内容であり、どのポーターも「ジャンボ（こんにちは）」、「ハクナマタタ（問題なし）」と折に触れて愛嬌よく声をかけてくれる。我々の何倍もの負荷のかかる肉体労働をしているわけで、彼らの献身的な姿勢には感心するばかりである。

六日目は四六四〇メートルのバラフキャンプに到達し、いよいよこの晩に山頂アタックを敢行する。午前中には一度高度順応を行い、日中の明るいうちに岩肌や滑りやすい砂礫の斜面などを体験しておく。キャンプ地にはざっと数えただけでも一〇〇以上の色とりどりのテントがひしめき合っており、「ベースキャンプ」らしい雰囲気を醸し出していた。ここで夕方頃から仮眠をとり、深夜〇時、いよいよ山頂アタックの開始となる。

上半身に厚手のベースレイヤー、薄手のフリース、軽量のシェルジャケット、ダウンジャケットの四枚重ねを着込んだ。五枚目のゴアテックスは山頂間際で着る予備レイヤーとした。下半身は厚手のベースレイヤーに中厚手のトレッキングパンツ、ゴアテックスの三枚重ねとなった。グローブはフリースとミトンの二重構成で、中間層に小型のカイロを貼り付けて指先が凍えるのに備えた。シューズ内の靴下の甲部分にも同様に小型カイロを貼り付けている。ハイドレーションは凍り付く恐れがあるので装備から外し、サーモスのみとした。電子機器はマイナス一五度の温度下では作動しない可能性もあり、一眼レフのカメラ等はバッテリーを抜き取り、胸元のポケットに忍ばせておいて体温で温めるように指示があった。

キャンプ地を出発すると気温はすでに零下だったが、一時間ほど歩くと体温も上がり、暑がりの私はシェルジャケットを脱ぎ、終始三枚重ねで登っていた。その晩は曇天で星空も見えず、漆黒の闇の中をヘッドライトの灯を頼りに登ってゆく。ヘッドライトの光はせいぜい一メートル程度の範囲しか照らさないため、かえって「ゾーン」に入り込んだかのような集中力を発揮する。我々三名は終始無口で、呼吸を整えること、しっかりと足を運ぶこと、ただそれだけを意識し登っていた。ふと腕時計に目をやるとすでに三時間が経過していた。

「まるでタイムスリップしたかのようだ」

そうハミルトンがつぶやくほど、無我夢中の境地を彷徨《さまよ》っていたことになる。

登頂開始から五時間ほどが経過した午前四時頃、私は前を進むヘールの足の運びを見ているうちにメトロノームの振り子に導かれるように眠気が襲い始め、視界が狭まり、体が上手く前に進められなくなった。キバッチャに休憩を要請すると、その場に座り込んで眠り込もうとしてしまった。キバッチャはすかさず平手で私の頬を叩き、「寝るな」と一喝する。七日間の山中の中で私から休憩を申し出たのはこの一回のみだった。今思い返すと体力的にも精神的にも極限の状態だった。

途中同行していたポーター数人がポットに入った熱い紅茶を振る舞ってくれた。キバッチャが言うに山頂に到達するための「魔法の紅茶」だ。うっすらとしか記憶がないが、糖度の高い紅茶を口にすると、体力や気持ちが一気に回復したのを覚えている。後々わかったことだが、ポーターたちは大量の白い粉をグラスに入れ紅茶で溶いており、その中身はグルコースだった。疲労やストレスが蓄積すると脳のエネルギー源である糖質が低下してしまう。グルコースを摂取することで、疲労回復と体力向上を図る効果があったようである。

日の出の六時頃になると、あたり一体が真っ赤に染まり始める。山頂近くはあいにくの天気で周囲の雲も厚く、これがホリゾントの様に作用し燃え上がる赤色を演出するのである。その周囲の状況たるや、まるで我々が火星の地表に降り立ったかの様だった。すでに斜度のきつい岩場を超え、我々は山頂の峰の一つ、ステラポイントを通過した。すでに五七五六メートルの標高に達しており、クレーター沿いに峰を伝って一時間ほど登れば真の山頂、ウフルピークに到達する。富士山にたとえれば吉田口山頂を通過し、お鉢周りで剣ヶ峰に向かうと言ったところであろうか。

気温はマイナス一五度。この時強い風と共に粉雪が隊列を襲い、ニット帽とダウンジャケットのわずかな隙間を突いて、肌の露出部分に吹き付けてくる。皆頬が赤らみ、まつ毛や髭は結晶したように凍っていた。周囲の過酷な環境、疲弊する我々、まるで新田次郎の『八甲田山 死の彷徨』で描かれた絶望的な雪中行軍さながらの状況だった。さすがに耐え切れなくなったのか、私の前を進むヘールが

「八〇歳を超えてこんな苦行をやろうなんて、お前の親父はどうかしてる！」

と叫び、後に続くハミルトンと私は疲弊し切った中でも声を上げて笑ってしまった。事前調査とはいえ、ここまで体力、精神力、忍耐力を要する登山だとは想像だにせず、二人を引き込んでしまった申し訳なさも感じていた。

午前七時二五分、登頂開始から七時間後、我々三人はキリマンジャロの頂上、五八九五メートルのウフルピークに到達した。同行するキバッチャとオネストが「ジャンボ・ブワナ」を歌い出すと、我々三名は抱擁して互いの健闘を讃えあった。二人とも粉雪に吹き付けられてフードや顔面が凍りつき、過酷すぎる登山を物語るような顔をしていた。私は二人を無事に登頂させられたという安堵感から涙していたが、頬を伝う滴はすぐに凍りついてしまった。

高台に設置された山頂を示す木製の看板の前で記念写真に納まり、五分足らずで我々は山頂から退散した。天候が悪く周囲の眺望が望めない上に、とにかく早く下山して我々

の高山病の症状を緩和させたかったからだ。数か月前から準備とトレーニングを重ね、数日間もかけて辿り着いた山頂ではあったが、栄光の時間はほんの数分にすぎなかった。大陸最高峰を目指すという願望がどれだけ特別で儚いものであるかと言うことを、私は思い知った。

第 4 章

登頂準備

代替案の提示

タンザニアからの帰国後、私はすぐに現地での写真や動画を整理し、父に報告する機会を設けた。「素人でも登りうる山」と銘打たれたキリマンジャロでの体験が、どれほど過酷なものだったかを事細かに説明した。山中では別次元の忍耐力と精神力が求められ、屈強な男たち三人も疲労困憊《こんぱい》した。

用意する装備品の数、帯同した一六人のポーター、山頂でのマイナス一五度の外気温など、いずれも父にとっては想定外だった、とりわけ驚いていたのが行程の長さだった。一般的に富士山では一泊二日で約一三キロを踏破すれば山頂までの往復を果たせるが、今回のレモショールートでは六泊七日で約七〇キロを要した。これは富士山に当てはめれば、大月あたりから遥々山頂を目指すのに相当する。その日限り頑張れば、という登山のレベルを超えているのである。

「こんなに大変なことだとは正直思わなかった」

と事態の深刻さにすっかり気落ちした様子だった。

それ以来私は、父でも実現可能な次のチャレンジに何が相応しいかを考えるようになった。南米ペルーのインカトレイルであれば、マチュピチュまで四五キロのなだらかな道のりで、身体的にも負担が少なく達成できるのではないか。また台湾の玉山であれば日本に近く、なおかつ富士山を越える三九〇〇メートル級にチャレンジできるのではないか。ただどの代替案にも父は首を縦に振ることはなく、キリマンジャロを超える啓蒙活動の舞台は見つかりそうになかった。

「たとえ失敗してもいいから、二人でチャレンジしてみてはどうだろうか」

数週間後、父はキリマンジャロへの憧れを断ち切れないかのように提案してきた。富士登山で経験した挑戦の時間は、我々父子にとって貴重な原体験として記憶されており、これをより大きな舞台で再現したいと望んでいるようだった。

私はキリマンジャロに集う年配の方々が、思い思いに登山を楽しむ様子を思い出していた。仲睦まじく低山部分をトレッキングする老夫婦は、無理して頂上を目指さなくても存分にキリマンジャロの風景を楽しんでいるようだった。父と登るのであれば、一つ一つとキャンプ地を経由し、最終キャンプ地である四七〇〇メートルほどの所まで辿り着ければ充分なのでは、と考えたのである。ただその場合でも様々なリスクは存在するだろうし、父と私の二人だけでの登山は考えられなかった。レモショールートでは私は親友たちに囲まれながら登ることができ、チームで挑む大切さを痛感していた。私は提案した。

「キリマンジャロはチームの力で挑戦する舞台だと思います。ハンセン病制圧活動に賛同する人たちを募ってはどうでしょうか?」

もし若く体力のある若手の財団職員が参加できれば、最終キャンプ地でハンセン病のバナーを父から引き継ぎ、有志で山頂に登りバナーを掲げることもモニュメンタルな出来事になるのではと考えたのである。

登山隊の結成

父は後日、日本財団内でキリマンジャロ登山隊の参加者募集を開始した。その結果、財団及び関連団体からは、二〇代から六〇代の年齢も経験も部署も異なる計六名の職員が名乗りを上げた。私が前年に友人知人に声掛けをしたものの、国内からは手が上がらなかったことを考えると、財団職員たちの海外志向、挑戦志向がいかに高いかが伺える。

▽中安将大（日本財団　秘書チーム　会長秘書）三九歳
▽富永夏子（日本財団　広報チーム　フォトグラファー）五五歳
▽和田真（日本財団　特定事業部　海外広報）四三歳
▽秋山浩器（日本財団　ドネーション事業部）二九歳
▽田中規雄（日本財団　アドバイザー）六五歳
▽南里隆弘（笹川保健財団　ハンセン病責任者）五三歳

中安は財団勤務一五年目を迎える。ミャンマーで二年半の駐在を終えた後、現在会長秘書を務めている。様々な海外出張にも同行し、旅程の手配から、日本側からの情報の伝達、荷物の管理に至るまで細部に渡って父のサポートを務めている。富永は広報に属し、写真での記録を主な仕事としながら、海外では父の通訳、現地とのコーディネート、必要あれば看護、と一人数役をこなす万能の職員である。さらに幼い頃に研究者である母親に連れられ、タンザニアの東海岸のザンジバルで生活していた時期がある。その後大学生になるまで定期的に現地に滞在し、スワヒリ語を習得するまでになった。ペルーでの父の緊急手術も一部始終を目にしており、富士山の登頂にも同行して記録に納めていた。父の身の回りをよく知るこの二人の参加は、父のサポートの全てを引き受ける覚悟をしていた私の大きな助けとなった。

和田は広報、海洋事業を経て、現在海外の様々な施策に関わる中堅職員である。以前は災害支援など財団全体の取り組みには必ず参加しており、今回即座に手を挙げたという。秋山は参加表明時、唯一の二〇代。以前から職員有志で山登りをしていた経緯もあり、若手の希望者がいないと見極めて参加を決意した。もし会長の身に何かあれば自分が背負ってでも手助けしたいと熱い意気込みを語っていた。今回の登頂はハンセン病をめぐる一連の制圧活動、啓蒙活動に準ずる日本財団の職務として計画されることとなった。和田と秋山は以後、フライト、宿泊先、ビザ等の旅程の他、財団内の許認可の申請と事務処理に奔走してくれることになる。

田中はメンバーの中では異色の経歴を持つ。三〇年以上産経新聞の記者を務め、論説委員として一面コラムの「産経抄」を執筆してきた。メンバー募集の数か月前にアドバイザーとして財団に転職したばかりで、持ち前の記者魂でこの大プロジェクトの行く末を見届けようとしていた。

　南里は関連団体である笹川保健財団の常務理事を務め、七年前に「一緒にハンセン病制圧に向けたラストワンマイルを」と父から直々に指名され、それ以降責任者として制圧・啓蒙活動を率いている。前述のブラジル、インド、アフリカ諸国における現地視察には数多く同行しており、父の現場活動には必ず帯同し、共に経験したいと考えていた。また南里は学生時代に山岳部に所属しており、キリマンジャロと聞きつけて、意欲的に参加の意向を伝えていた。

　ここ数年のコロナ禍では財団の職員の活動も大幅に制約を受けており、部署や年代の垣根を超えた財団全体での活動が滞っていた。このメンバーのほとんどが会長と共にアフリカの地で、宿と三食を共にし、時間と経験を共有できるまたとない機会とも捉えていたようである。

　次に我々が着手したのは、このチームに帯同してくれる医師を探すことだった。タンザニアという遠隔の地、しかもキリマンジャロの山中では、緊急時に的確な治療を受けるのはまず難しい。医師が行動を共にすることができれば、父の健康状態を常に把握し、必要があれば医療的な処置を施し、ドクター・ストップをかけて下山させる、これら全てが可能となる。一緒に登る私からしてみれば、なかなか登山を途中で断念させるのが難しいであろう性格の父に対して、専門的な立場で諭すことができる存在は必要と思われた。父と私の双方から呼び掛けを行い、結果二名の医師の参加が実現した。

▽岡田英次朗（整形外科医）四七歳
▽池田知也（外科医）四二歳

岡田は私が友人の伝手《つて》を辿り、「山登りに長けた医者がいないか」と探し出した唯一の男だった。古くは私と学生時代を一緒に過ごした仲であり、彼が医師を目指した時点で別々の道を歩むようになったが、七日間の山中を一緒に過ごすには最適な相手だった。岡田は親の代から続く都内の整形外科医院を引き継ぎ、院長として多忙な毎日を過ごしていた。当初は長期間の不在を余儀なくされると、難色を示していた。私はキリマンジャロでは唯一無二の経験ができるとその魅力を伝え、なんとか承諾を得ていた。

かたや父の方はブログで「キリマンジャロ登頂、医師求む」と大々的に告知を行い、これに反応して連絡をくれたのが沖縄県立中部病院の外科医師だった池田である。池田は「国境なき医師団」に参加して、内戦が長期化しているイエメンや、コンゴ、イラク、南スーダンに計九回派遣されている。銃声が鳴り響く中、劣悪な医療環境の施設で戦傷患者の銃創や爆傷の手術を行うなど、行動力と熱血感に溢れる医師だった。その職務の傍らエベレストを含む七大陸最高峰への登頂を経験しており、登山における造詣の深さには突出したものがあった。池田は国境なき医師団の同僚から父のブログでの掲示を知らされ、富士山登頂時の格闘の様子を知り、八〇代の高齢で挑戦を続ける姿に感銘を受けたという。キリマンジャロを目指すのであれば力添えできるのでは、と今回の計画に賛同してくれた。

「すごい経歴の方が参加してくれることになった」

父が電話で私に興奮気味に伝えてきたのを今でも覚えている。以後池田の専門性の高い助言が、準備段階でも登頂本番でも存分に活かされていく。本計画のキーパーソンの登場により、我々のキリマンジャロ登頂計画は一気に現実味を帯びるようになった。

父と私を含めこれで計一〇名の登山隊の結成となり、前年のレモショールートとは打って変わり大所帯でキリマンジャロを目指すこととなった。

登山計画の本格化

我々は二〇二三年の八月頃から登山の準備を本格化させた。実行は二〇二四年の小乾季の時期に照準を定め、二月上旬を登山予定日とした。前年のレモショールートでの現地視察から丁度一年のタイミングである。私にとっては同じ気候のコンディションで登れることとなり、経験をメンバーと共有できると思った。

次に取り掛かったのがルートの策定である。一〇人という大所帯、八五歳になる高齢の父が連泊しながら登る、という点を考えると、山中でのテント泊を伴う移動は現実的でないように思えた。各キャンプ地にハット（山小屋）が併設されているマラングルートであれば雨風をしのげるし、何より父が夜間に極寒で凍えながら眠るような事態を避けられる。マラングルートは最も観光化されたルートで、その手軽さから人気があり、ハットの数も限られているため、数か月前の時点で予約を押さえておく必要があった。

ただ一点マラングルートに不安を感じたのは、その登頂成功率の低さである。日数が少なく、高度順応的にも不向きなことから、他のルートが八五％に達する成功率のところを、マラングルートではわずか五五％と圧倒的に低い数字となっている。日本からの登山者の多くもこのルートを選び、約半数が途中で脱落しているという話も耳にした。この点を登山企画会社のアルテッツァ社に相談をすると、八五歳の父が安全に挑めるよう調整を施してくれた。通常四泊五日で組まれることが多いこのルートに対し、途中ホロンボ・ハットでの高度順応に一泊、さらにキボハットでの高度順応に一泊を追加し、合計六泊七日のプランを提示してくれたのである。キボハットは標高四七〇〇メートルにあり、最終キャンプ地として他のルートからも多くの登山者が合流するため、ここで二泊できるというのはかなりの特例だった。アルテッツァ側も高齢の父が安全かつ確実に登山に取り組めるように最大限の配慮を計ってくれたのである。

日本財団のメンバーとは一〇月頃から打ち合わせを重ね、レモショールートでの経験談を交えて情報を共有し、実際に使用した装備を持ち込んでどの様な登山用具を揃えるべきかを話し合った。また事前のトレーニングの一環として、秋口の日帰り登山を敢行したり、ジムで基礎体力作りに励む者もいた。

計画が徐々に本格化したこの頃になると、父の方からもその進捗を気にして確認や注文が色々と入るようになる。一日にどの位の距離を歩くのか、寝る場所はどのようなところか、途中で脱落者が出た場合どのように対応するのか。私もこれらの質問に対して極力不安を煽らないよう、丁寧に回答するよう心掛けた。ふとしたタイミングで父が念を押してきた。

「山頂はマイナス一五度くらいの極寒になるらしいな。ダウンジャケットやヘッドライトの用意はできているのか?」

私としては父の体力からして最終キャンプ地まで辿り着ければ御の字であると考えていた。深夜の山頂アタックに必要な重装備は正直省いても良いつもりで準備を進めていた。ところが父の言動には、本人は少しでも可能性があるなら山頂まで登ってみよう、という野心が垣間見えていた。私はやれやれと閉口し、一つ、また一つと自らチャレンジのレベルを上げてゆく父の姿に、なんとか計画性と組織力で万全のサポートを施さなければならないと、思考を巡らせることになる。

池田医師からの助言

今回の計画の策定において、私はできるだけ池田の医学的見地、また登山の経験則から意見を請うよう努めた。私は一度キリマンジャロの山頂に到達した経験があるとはいえ、高山の活動においては所詮素人である。特にペースメーカーを装填し、心臓に疾患を抱える父を伴っての登山においては、池田以上に頼りになる人間はいなかった。

池田はこの頃沖縄の県立病院に勤務をしており、しばらくはメールやweb会議でのやり取りが続いた。私が初めて本人と顔を合わせることができたのは、池田が学会で横浜に立ち寄っていた一二月だった。非常に温和で落ち着いた印象があるものの、ひとたび山の話になると熱気を帯びる。エベレストやデナリ、ヴィンソンマシフなど名だたる山々での格闘の様子を聞くうちに、彼の経験談のあまりのスケールの大きさに半ば唖然としてしまった。素晴らしい医師であるのはもちろん、登山に打ち込む情熱が語り口から滲み出ていた。

まず父の健康状態については、二〇一二年の心臓の手術から始まり、最近の健康診断の結果に至るまで細かく共有をした。心臓は高度房室ブロックと診断されペースメーカーが装着されている旨を伝えた。池田にもこれだけの疾患を抱える者と山に登ることへの懸念もあるのだろうと予想していたが、「不整脈の症状が心房細動でなく房室ブロックであれば、さほど心配する必要はないかもしれない」、と意外にも楽観的な答えが返ってきた。心房細動を患う場合、心拍数が必要以上に上がる、いわゆる頻脈の症状になり、脈拍数を低く抑える処置が行われる。高所では生体的な反応として脈が上がってゆくのが通常であり、この脈を低く抑えるという治療法が不利に生じるのである。一方父が患う房室ブロックでは、心拍数が少ないいわゆる徐脈の症状であり、それを体に埋め込まれているペースメーカーの電気的な信号で補助する形になっている。同じ不整脈でも頻脈より徐脈の方が高所においての危険度は少ないと判断されるようだった。

ルートについては、やはりマラングルートのハットを経由していく行程が、しっかりと休息を取れるという点、万が一の際にハットに退避できるという点で妥当ではとの意見だった。途中高度順応を二日分挟み込む工夫についても、結果として六泊七日の可能な限りの長い行程を組める点で肯定的な意見だった。そして話は「父がもし山頂を目指すことになったら」という最大の懸案事項に移った。

「ギルマンズポイントまでなら、会長の体力でも辿り着けるかも知れませんね。山頂の峰のうちの一つなので登頂証明も獲得できます」

池田のこの助言に私もなるほどと合点がいった。実はキリマンジャロは山頂を形成する峰のうち、ウフルピーク（5,895m）、ステラポイント（5,756m）、ギルマンズポイント（5,685m）の三地点を「山頂」として定めており、このいずれかに到達すれば登頂証明書が発行される。私は前回登頂時のルートの違いからギルマンズポイントの存在を知らず、ウフルピークへの登頂ばかりに固執していた。ギルマンズポイントはマラングルートの最終キャンプ地、キボハットからいちばん近い距離にあり、ウフルピークへの到達を省けば往復四時間ほどの体力をセーブできる。

そして万が一の緊急事態の際、どの様に対応すべきかについても二人で話し合った。登山においては山頂に辿り着くという目的ばかりに目を奪われがちだが、これだけ長い行程と高所においては危険が常に隣り合わせであることを肝に銘じなければならない。

私はアメリカの建築事務所で実務を積んでいた際、ことあるごとに上司から「Worst-case senario」を意識しろと厳命されていた。「予想しうる最悪の事態に備えろ」というのだ。建物を設計するという行為は、同時に建物の中に居住する人々の命を預かることになる。万が一の火災や地震の際、建物は居住者が建物の外に避難するまでの間、構造や界壁が堅牢に立ち続ける必要がある。建物には防火シャッター、排煙装置、非常照明など、通常使用では必要のない高価な設備がふんだんに配置されている。これらも火災など最悪の事態を想定した備えと設えなのである。

キリマンジャロの登頂を考えるにあたって、私は建築士という職業柄、常にこの「Worst-case senario」、起こりうるであろう「最悪の事態」を意識して頭を悩ませることになる。気がつけば一九九六年のエベレストでの大量遭難事故や、二〇〇九年北海道でのトムラウシ山遭難事故の詳細を追ってしまい、一体何が原因でこれだけの被害が拡大したのか、と恐怖に慄《おのの》くのである。天候の悪化はもちろん事故要因の一つだが、希薄なコミュニケーションや、強情な性格に起因する判断ミスが命取りになる場合が多い。隊列を進めるのか止めるのか、登り続けるのか下山する決心をするのか、この判断が父の命を守る上で、また計一〇名のメンバーを預かる上で最も重要だと感じていた。

池田からは、緊急時に備えて車両やヘリコプターでの救出が可能であるか確認をして欲しいと要望があった。アルテッツァ側と協議をすると、途中のホロンボハット、キボハットの二か所にヘリポートが併設されており、残りのマンダラハットへは救護車両が通行可能とのことだった。ヘリでの搬送は麓のモシ市内の空港まで行われ、そこから車両で市内唯一の総合病院、キリマンジャロ・クリスチャン・メディカルセンターに向かうという手はずとなっていた。四七〇〇メートルのキボハットからでも三〇分ほどで病院に辿り着ける。前年の最終キャンプ地、バラフキャンプでは計二回ヘリが飛び立つのを確認していた。砂埃とテントのフライシートを巻き上げながら轟音で飛び立つ荒々しさだった。いずれも重度の急性高山病患者の搬送だったといい、我々がこのような事態にいたらないよう願うばかりだった。

低酸素トレーニング

年末年始に差し掛かった頃から、メンバーたちの準備の様子も慌ただしくなってくる。皆がいちばん不安を感じていたのが、高所での活動に自分の体がどの程度の耐性を持っているか、どのように高山病の諸症状がでるか、という点である。前年の富士登山の準備段階では豊洲の低酸素ジムを利用したが、そこでも最大負荷は三〇〇〇メートルだった。六〇〇〇メートルに近い今回の標高は誰にとっても未知の体験だった。

この点を池田に相談すると、冒険家の三浦雄一郎氏が主宰する都内の低酸素トレーニング施設「ミウラドルフィンズ」を紹介してくれた。エベレストへの登頂経験がある池田のようなエキスパートでも、今回のような登山の前には必ずこの施設でトレーニングを積むのだという。

父を含めた我々メンバーたちはこの施設でまず「高所テスト」を受けた。指にログ記録機能のあるパルスオキシメーターを装着し、四五〇〇メートルの低酸素環境を再現した室内で、運動や休憩、仮眠など、登山中に想定される一連の動きを反復する。酸素飽和度や脈拍の推移が別室のパソコンから出力され、トレーナーによる解析が行われる。

施設の準備室にはホワイトボードに、「アコンカグア」、「エルブルス」、「ヴィンソンマシフ」と名だたる大陸最高峰の山々の名が書き込まれ、近々の登頂予定者のイニシャルが振られている。その数ざっと三〇名ほどはあっただろうか。これだけの人々がそれぞれの最高峰の登頂を目指し、日々この施設でトレーニングを積んでいるのである。その専門性の高さたるやタイガーマスクに登場するレスラー養成機関「虎の穴」であり、我々素人集団はその場の凄みに身の引き締まる思いだった。

トレーニング室はすでに酸素濃度が平地の六〇％を下回っており、室内に入るとすぐに空気の重さ、圧迫感による呼吸の難しさを感じるようになる。さらにトレッドミルでの歩行、踏み台昇降などの運動を始めると、通常九〇%後半の酸素飽和度が一気に七〇%台まで急降下する。これは血液中の酸素の量が下がっていることを意味し、身体中の臓器に十分な酸素を運搬できない状態となり、付随して身体の運動能力も低下する。平地では経験できないような体の重さ、感覚の鈍さ、倦怠感を覚え始め、高所が苦手な人はこの四五〇〇メートルの体験でも断念してしまうのだという。

トレーナーの解説によれば、大切なのは酸素飽和度が下がっている体の状態を認識し、その対処法を自分なりに身につけておくことだという。一度下がった酸素飽和度の数値を通常時まで回復させるには呼吸法を習得する必要がある。ただ人はそれぞれ異なる体格と循環器系の特徴を有しており、一つの呼吸パターンがあるわけではない。各自がパルスオキシメーターの数字の推移を追いながら、自分なりの呼吸方法を見つけることが、この低酸素トレーニングにおいて最も重要なポイントとなる。

父はゆっくりとした体の動きに合わせ深く吸い込み吐き出す大きな呼吸動作が適しているようだった。対して私は「普段やっているランニングの時と同じ浅く回数の多い呼吸法に変えてみて下さい」というトレーナーの指示に従うと、飛躍的に酸素飽和度を回復することができた。本番の登山前にこれを習得できただけでも大きな収穫である。和田は学生時代の空手の経験から、目をつぶり黙想の状態で呼吸を整える術を編み出していた。かたや中安は学生時代に一六〇〇メートルの高地で知られるアメリカのデンバーでの留学経験があり、特に呼吸法を意識しなくても九〇％の酸素飽和度を維持する高い心肺機能を誇っていた。

父は我々若いメンバーに囲まれながらも、一つ一つの運動を問題なくクリアしていった。特に踏み台昇降は心臓にかなりの負担が掛かるのではと心配していたが、何事もなく笑顔で運動を続けている。普段勤務中は会長室のある七階まで毎日階段を登り降りしており、その段数は一二三段にも及ぶ。日頃から鍛錬しているその体力は伊達ではなかった。

初回の解析後、その数値のグラフを見てトレーナーから父に注意があったのが、就寝時の酸素飽和度の低さだった。就寝時は必然的に数値が下がりがちだが、五〇％ほどにまで落ち込むと、翌日のパフォーマンス低下や高山病発症にも影響する。高所において眠りが浅い時、眠れない時は無理に横たわらず、外を歩くなどして呼吸を整えるのが良いという。

「キリマンジャロの星空は綺麗ですから、見て歩いて楽しんで下さい」

穏やかに笑うトレーナーの助言を、我々は非常にポジティブに捉えることができた。


その後一二月、翌年一月と我々はこの施設で、五〇〇〇メートル、五五〇〇メートル、遂には六〇〇〇メートルまで標高を上げて低酸素トレーニングに励んだ。トレーナー曰く、なるべく登山本番に近い時点で高強度の低酸素環境を体験しておくのが成功の秘訣だという。六〇〇〇メートルに挑んだ際には平地の四七％と言われるその酸素の薄さに、我々サポートする側の若手もさすがに苦悶の表情を浮かべ始めた。視界は徐々に狭まってゆき、集中力が緩慢になり、スマホの文字が読めなくなるほどだった。椅子に座る、飲料ボトルを持ち上げる、というちょっとした動作が大きな負荷としてのし掛かる。キリマンジャロの山頂はこれほどまでの過酷な環境なのかと皆が思い知った。

父はその状況を横目に容赦がない。

「お前たちはまだまだ動けるだろう」

と中安と私にトレーニング用の重りを背負うように指示した。中安と私は数キロの砂袋が入ったバックパックを背負い、トレッドミルや踏み台昇降の運動を続けると、額から汗が吹き出してくる。密室におけるとんだ「愛の鞭」である。確かにこれくらいの負荷に音を上げるようでは、父の身体を預かって山を登ることはできない。低酸素ルームでは普段の財団職員からは聞こえてこないような体育会系の掛け声が連呼されていた。

渡航準備

タンザニアへの渡航に際しては、今回はカタールのドーハ空港でのトランジットとなった。父と会長秘書の中安、広報の富永は直前までスイスのジュネーブに滞在しており、このスイス組三名と、日本から発つ残りの七名がドーハで合流する形となった。

父には渡航直前はしっかり身体を休め、できるだけ体調を整えて登山に挑んで欲しいとお願いはしていたが、そこは頑固なまでの仕事人間である。空いた数日を有意義に使いたいと、世界保健機関（WHO）の本部に向かい、テドロス事務局長との会談に臨んでいた。父はキリマンジャロへの登頂、山頂にハンセン病制圧のバナーを掲げる計画を事務局長に告げ、WHOとの共同声明として「グローバルアピール 二〇二四（ハンセン病に対する偏見と差別をなくすための二〇二四年）」を高らかに宣言していた。ニュースを耳にした日本出発組の我々は、これから世界的なPR活動に挑まなければならない事実を再認識し、肝を据えるのであった。

父の登山用の荷物一式は私が整え、日本から別途持ち込んだ。前年のレモショールートでの経験から、何が必要で何が不要かは全て把握しており、装備品の準備にはそれほど手間取らなかった。父にとっては二度に渡る富士登山でシューズやトレッキングポール、レインギア等はいずれも使い慣れた品々であり、これに追加して厳寒期仕様のダウンジャケットや手袋などを順次追加していった。

九〇リットルのダッフルバッグは二つ用意し、父の装備と私の装備をそれぞれ分けて荷造りをしてゆく。重要なのは用途、状況毎に小分け整理され、両者の荷物が入り乱れないことである。高所で意識朦朧とした中でも、大柄な私が父のパンツや靴下を履いてしまうような、あるいは逆の事態は避けなければいけない。

父の体型はやや特殊であり、胴回りや股下のサイズが既製品では合わない場合も多い。衣服の締め付けや関節の可動域は往復七〇キロに及ぶ行程では無視できない要素とあって、妻の裕子が得意の裁縫で調整した。数年前にコロナ禍が始まり、父が最初の対策を発表する記者会見に挑んだ際、身に付けていたマスクはピンク色のお手製で、前日に裕子が用意した物だった。父が表舞台で活躍する際のこの種の準備は妻にとってお手の物だった。

渡航直前に慌ただしく確認を取り始めたのが、父の常備薬についてである。心臓に疾患を持つ高齢者とあって、普段服用する薬は五種に及んでいた。ただこの中に高所において服用を控えるべきものがあるか、またダイアモックスを服用する際の使用禁忌があるかを確認しなければならない。普段薬を常用しない我々の盲点だった。

処方箋を書いた主治医の先生に加え、岡田医師、池田医師にも意見を伺い、いくつかの薬については山中での服用を止める判断をした。一つは睡眠の質を高める薬で、これを高所で服用した場合、熟睡時に酸欠状態に陥る可能性があるという。また血圧を下げる薬についても、ダイアモックスと併用した場合、血圧降下作用が増強される恐れがあるとのことだった。

また今回の遠征はハンセン病制圧のＰＲ活動という重要な任務も持っている。山頂で

Don't Forget
Leave no one behind
Leprosy

ハンセン病制圧活動のロゴと登山用のオリジナル・キャップ

掲げるためのバナーは南里が笹川保健財団のスタッフと共に製作したもので、二〇二三年に父がバチカンでローマ教皇フランシスコとの単独謁見に臨んだ際に使用したものと同一の物である。そのロゴには車輪に模した二つの輪が描かれている。医学的にこの病気を治すことを「前輪」、スティグマや差別のない世界を作ることを「後輪」とし、この両輪なくしてはハンセン病制圧の活動は前に進まない、と父が提唱したアイデアを基にしている。この合言葉は「モーターサイクル・メタファー」として今や国際機関でも使用されるようになった。「Don't Forget Leprosy（ハンセン病を忘れない）」の文言の他に、「Leave no one behind（誰一人取り残さない）」と記され、不当な差別と戦う患者や回復者たちへの救済を決意した強いメッセージが込められていた。

富士山登頂時のバナーはサイズが大きく生地が薄かったせいか、強風が吹き荒れる山頂ではまるでキリストの聖骸布のように父の体にまとわりついてしまった。今回のバナーはその反省を踏まえて、生地を厚くし、一人で広げられる小さなサイズに改良されていた。

また今回新たに登山用のキャップも製作した。サファリ色の生地にバナーと同じロゴが印刷されている。チーム全員で意思統一ができるアイテムを身につけて登ろうと思ったのである。登山時には我々メンバー一〇名と現地ガイド数名が同じキャップを被って隊列を組む。通り過ぎる途中の登山者の目にも必ず留まってくれると思った。

第5章

キリマンジャロの頂へ

トラブル発生

渡航当日、先にドーハ空港に到着していた我々に、スイスに滞在する中安から一本のメッセージが届いた。内容は父と富永に前日から嘔吐と下痢の症状があり、直前に滞在したセルビアで食中毒にかかったのではないかというのだ。同時に登山開始日を一日後ろにずらせないか、との要望も含まれていた。「だからあれほど登山直前はしっかりと休養をとるように進言したのに」と思いながらもすぐにタンザニアのアルテッツァのスタッフに連絡を取る。大方の予想通りすでに行程とポーターの手配は確定されており、開始日の変更は不可能だとの回答だった。登山中止という最悪の事態も頭をよぎりながら、ジュネーブからの飛行機に乗り込んだスイス組三名の到着を待った。

ドーハではやや疲弊した表情の父と富永を医師の池田が迎えた。幸い移動中に二人とも症状は治まっており、池田の診断ではタンザニアに到着後もう一日回復に努めれば、日程変更をしなくても登山開始は可能との判断だった。一同ほっと胸を撫で下ろすとともに、これほど早くに帯同医師が活躍してくれるとは、と事態の慌ただしさに驚くばかりだった。

休憩している父に声をかけると、前夜は便器を抱えながら吐き続けたらしく、登山前の思いがけぬ事態に大いに戸惑っていた様子だった。

「悪いものは全て出し切ったから、もう後は良くなるしかないよ」

と横になりがなら楽観的な見通しを口にするのも忘れなかった。

ドーハ発の飛行機は無事、予定時刻にキリマンジャロ空港に到着した。タラップを先に降りる父は、前日の辛そうな顔つきが嘘のように笑顔に変わっていた。タンザニアの温暖な日差しを体に浴びて、意気揚々と誘導路上を歩いていた。やはり挑戦すべき命題が目の前にあると体に力がみなぎるのだろうか。その回復ぶりと強靭なメンタルに私は心の中で感嘆の声を上げていた。


山麓のモシ市内のホテルに到着すると、すぐに最初の関門が到来する。アルテッツァによる厳しいギアチェックである。それまでの周到な準備が実を結び、問題なくチェックを終えようとしていたところで、現地スタッフから予想外の報告を受けることになる。この日までの数日間に山頂は悪天候が続き、雪と雨水が凍結し、非常に踏破し難い状況にあるという。マイクロスパイク（軽アイゼン）を人数分手配するので、山頂アタック時にはこれを装着するように、とのことだった。

今まで何度もキリマンジャロでの装備について調べ上げたつもりでいたが、正直「マイクロスパイク」なる単語を拾ったことは一度もなかった。小乾季の時期において山頂がこれほど積雪で滑りやすいのは極めて稀な状況であり、冬季登山の経験すらない我々がマイクロスパイクを装着して登る姿は想像できなかった。なんとかこれからの数日間で天候が回復し、山頂付近が登りやすい状態なっているよう願うばかりだった。

父の体調が回復したというのに、新たな難題の出現で先が思いやられるスタートとなった。

入山初日――マラングゲート→マンダラハット

いよいよマラングルートからの登山が始まる朝となった。各自背中に背負うバックパックと、ポーターに預けるダッフルバックに荷物を詰め分け、ホテルのロビーに集合した。さすがは数々の海外出張を連戦している財団の職員である。私が父と自分の二人分の荷物に手間取る間に、全員が出発できる状態まで整えていた。

マラングルート登頂行程

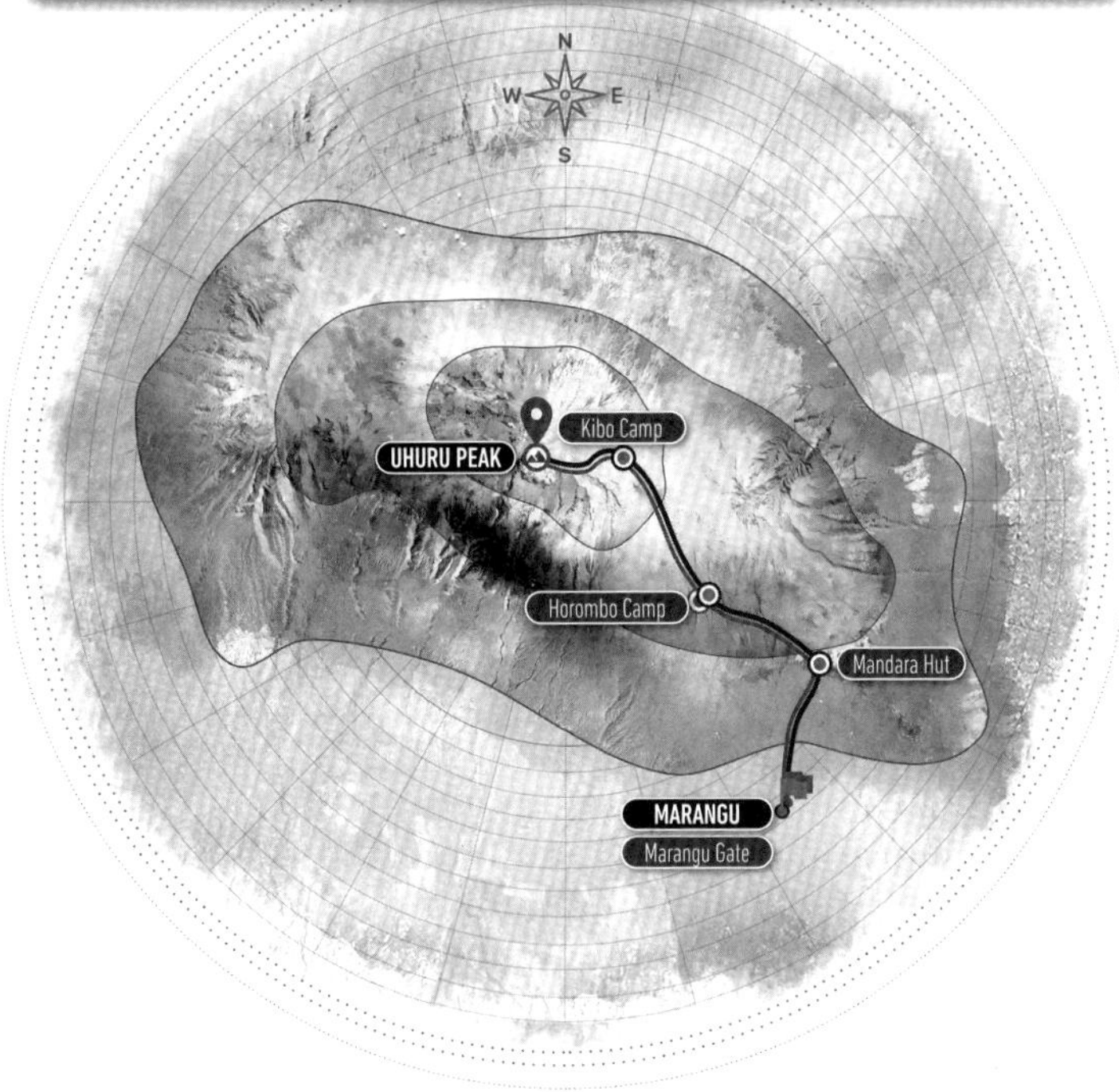

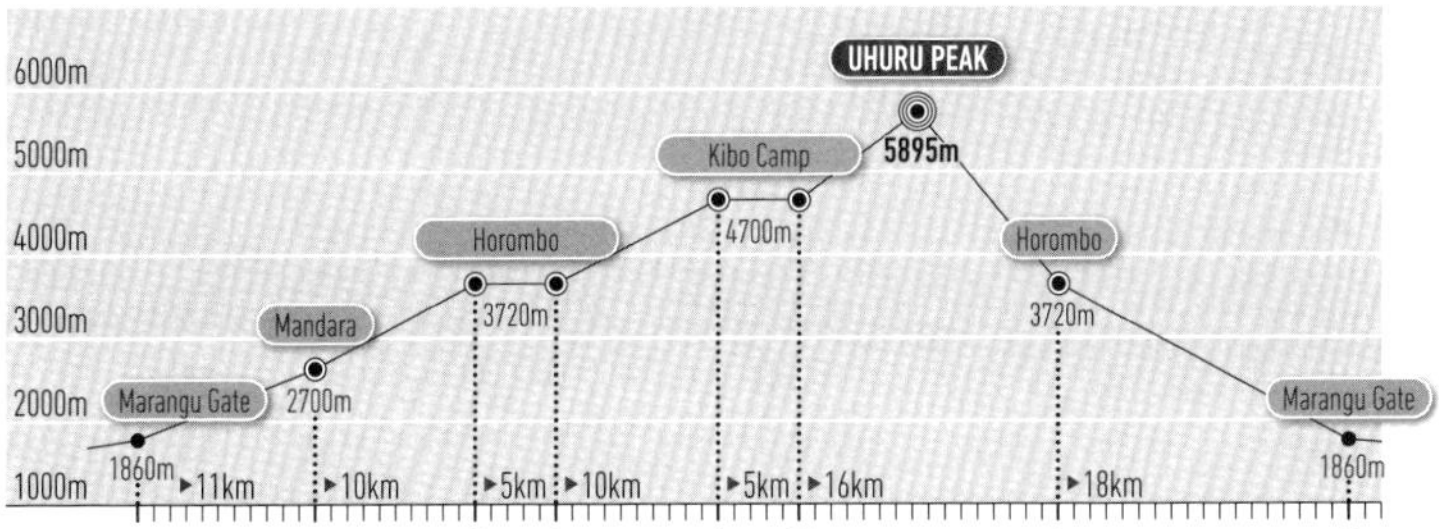

入り口付近に軍人さながらに腕を後ろに組み制服姿で直立する四人組のタンザニア人が待っていた。アルテッツァ社のガイドたちである。私が一人一人に挨拶しなら握手してゆくと、一人見覚えのある顔のガイドがいた。前年のレモショールートでアシスタントガイドとして我々を率いてくれたオネストだった。久しぶりの再会に興奮し、まだ携帯に保存したままのレモショーでの写真を見せ合ったりした。

今回チーフガイドを務めるのは小柄なジョシュアという男だった。皆の前でタンザニア入国を歓迎し、キリマンジャロ登山を懸命にサポートをする旨の挨拶をしてくれた。どこか親しみのある風貌で、我々メンバーとも上手くコミュニケーションをとってくれそうな柔らかな語り口だった。その他二人はスターソンとケルビン。いずれも寡黙で体格が優れており、これからの山中での活動をしっかり引率してくれそうな堅実な雰囲気をまとっていた。

こちらも私が簡単なメンバーの紹介を行ったのち、今回の遠征の責任者としてこのプロジェクトの概要を説明した。日本財団が国内最大の公益財団法人として数十年に渡りアフリカで活動してきたこと、そしてハンセン病制圧は父の人生をかけたミッション（使命）であり、「アフリカの屋根」と呼ばれるキリマンジャロの頂上にハンセン病のバナーを掲げることが今回の最終的な目標だと伝えた。アルテッツァの面々は時折頷きながら聞き入り、拍手で応えてくれた。ガイドには事前に用意したハンセン病のロゴを印刷したキャップを手渡した。思いがけぬ手土産をたいそう喜んでくれて、早速サイズを調整して被ってくれた。

移動用のバスがホテルに横付けされ、メンバーが次々に乗り込んだ。パッキングされた荷物はすぐに重さを計量され、一五キロ以内に収めるようにとの事前の告知が効いてか、今回は幸い誰も重量オーバーを出さなかった。バスが動き出した途端、前方の席に乗り込んだフランクが音頭をとり、「ジャンボ・ブワナ」を歌い始める。彼は今回ウェイターとして参加しており、山中でも何度も大きな体を揺らし、歌と掛け声を披露してくれることになる、いわばムードメーカーだった。我々のメンバーは初めてアフリカに訪れる者も多く、事前の映像での知識だけだったジャンボ・ブワナを唐突に目の当たりにして、面食らいながらも必死にカメラを回していた。

モシ市内から今回の入山口であるマラングゲートまでは車で一時間半ほど。途中賑やかな市場を通り過ぎたり、学校に通う少しぶかぶかな制服を着た可愛らしい子供達が歩いていたりと、タンザニアらしい街の風景を窓越しに眺めていた。

街の風景から離れ、木々がうっそうと茂る山道の勾配をひたすら登ってゆくと、標高一八〇〇メートルの地点にマラングゲートがある。キリマンジャロの峰々を模したような三角屋根の小屋が連なり、登山グループが四、五組集まっても十分な広さだった。さすがはいちばん観光化されたルートである。国立公園への入場口として、風格のある佇まいだった。

我々は配られたランチボックスを広げ、入山前の食事と飲み物を楽しんだ。同時にハイドレーションに水を注ぎ、各自靴紐を締め直し、ゲイターを装着し、トレッキングポールの長さを調整したりと、着々と登山開始の準備を進めた。外気温は二〇度以上あり、父の装備は基本的に富士登山の開始時とほぼ同じであり、長袖のシャツにトレッキングパンツは、発汗してもすぐに乾くような素材を心がけた。

父はタンザニア入りする直前のセルビアで理髪店に立ち寄り、頭を坊主に丸めていた。本人はその姿をいたく気に入り、帽子を取っては自慢げに披露していた。会長の激変した姿に財団職員は驚いた様子だったが、それも今回の登山に賭ける意気込みの表れだった。私も七日間山中で風呂に入れない日々を覚悟して坊主頭にしていたものだから、二人並ぶとまるで親子で托鉢をしに行くかのようである。我々は世界的なＰＲ活動の一環としてこの山を訪れているのだが、なんだか功徳を積む修行のために山に入るような気分にもなってきた。

我々は入山ゲート前で記念の集合写真に納まった。これから途中何度も集合写真を撮ることになるが、登山の過酷さから次第に一人一人から笑顔が消えていくのは、予想に難くない。なんとか山頂までこの元気と笑顔を保って欲しいと思った。

五つあるキリマンジャロの気候帯のうち、最初の「低地」の高度は車ですでに超えており、初日は二番目の「熱帯雨林」の中を一日進む。三〇メートルほどのクスノキ等の高木が立ち並び、足元にはシダやツルなどの低草が所狭しと重なっている。外気は乾燥しているため、滴るほどの汗はかかない。心配していた雨も降らず、暑すぎず寒すぎずの絶好のコンディションのもと、森の中をうねる道を進んでいった。地面は土が露出し、途中大木の根が横たわるところもあり、足を滑らせそうにもなる。初日に怪我をしてはたまらないので、一同慎重に足場を確認しながら進んでいた。

今回八五歳の父が登頂に挑むにあたって、事前にいくつかの施策を講じていた。そのうちの一つが父に付き添う専用のポーターの配置である。ポーターは普段我々の見えないところでせっせと荷上げを済ませてしまうため、顔を合わせる機会はほとんどない。そのうちの一人に登山に同行してもらい、父の荷物の運搬とサポートをお願いしていた。彼は名をビルダードといい、ポーターの中では五一歳の年長者だった。山での経験もさることながら、年齢に見合わない筋骨隆々としたたくましさがあり、最も頼れる人材を充てがってくれたのだろう。

ビルダードが担ぐ父のバックパックにはレインギアや着替え、携行食の他、二・五リットルの飲料と小型の折り畳み椅子が入っていた。当初はこれだけの装備を私が追加で担ぐ予定でいたから随分な助けとなった。折り畳み椅子は父の休憩用に用意したもので、小型ながら三脚形状のアルミの足を伸ばすと四〇センチほどの三角椅子となる。ビルダードには休憩時にこの椅子を差し出すよう頼んでいた。父は普段どんな海外出張の際も、若手職員と同じ宿、同じ食事、同じ待遇を心掛けている。自分には特別な計らいは要らないという姿勢と、若手職員の模範となることを心掛けているのだ。椅子を差し出され

ても
「そんな一人だけ王様みたいに休憩はできないよ」

と当初頑なに拒んでいた。他の登山メンバーと一緒に土や石の上に座りたいのである。

「しっかり休むのも仕事です。この先まだ六日もあるんです」

私は半ば強制的に父を椅子に座らせた。実は地べたに座った状態から立ち上がる、下ろしたバックパックを再び背負う、という何気ない動作が、一日の中で数度繰り返されるうち、酸素の薄い高所では徐々に体力を奪ってゆく。この動作を取り除く配慮は、父の心臓への負担を最小にする術の一つでもあった。


一八〇〇メートルの高度以上にはマラリアを媒介するような蚊や害虫は生息しておらず、しばらくは清々しい気分で登山道を進んだ。二時間ほど経った頃だろうか、膝下にチクリと痛む感覚があった。それが治らないまま二か所、三か所と増えてきたため、さすがに辛くなり足をさすっていると、ぬかるんだ地面に凄まじい数のアリが群がっているのが目に入った。グンタイアリである。その数匹がきつく縛ったゲーターをものともせず、衣服の中に入り込んでいたのである。ガイドは手慣れた仕草で、入り込んだ蟻を衣服の上から指で潰していた。自分たちも真似して潰したり叩いたりしていたが、衣服をずらして確認すると、脛のあたりには蟻に噛まれた痕が青い筋になって残っていた。アフリカの熱帯雨林の洗礼のようだった。

初日の獲得標高は一八〇〇メートルから二七〇〇メートルまで。富士山で言えば三合目から七合目の登山といったところだろうか。高山病は症状はまだ出にくい低さであり、呼吸法などで気にかける必要はほとんどないが、翌日以降に影響してはという意識だろうか、皆が慎重に呼吸を意識しながら登っていた。

最初のキャンプ地、マンダラハットには夕方一八時に到着した。スタートから八・四キロを五時間二〇分ほどで歩いた計算で、初日としてはまずまずのペースで登ることができた。宿泊施設は四人用の大きなキャビンと、二人用の小さな小屋が並んでおり、我々は大人数ということもあり、大型のキャビンを占有できた。部屋の中には二段ベッドがあり、中央には着替えるのに十分なスペースが確保され、ベッドには敷布団と枕も準備されていた。前年のレモショールートでの極寒のソロテントと比べれば格段の居心地の良さである。

各自荷解きと着替えを済ますと、別の場所にあるダイニング用の小屋に集まった。ウエイターのフランクがようこそと言わんばかりの満面の笑顔でポップコーンを振る舞ってくれた。どのルートを通ってもこの「ウェルカムポップコーン」は定番のようである。テーブルにはきれいに食器が並べられ、肉料理、野菜、果物が次々と盛られて行く。これまで日本国内の色々な場所で大なり小なり登山に勤しんだ一行だったが、この山の上の食事の豪華さには皆、感嘆して舌鼓を打っていた。

夜間我々の心を捉えたのは天空に煌めく星々だった。キャビンの屋根と木々の間を見上げては、夜空を埋め尽くさんばかりの星の数に圧倒されるのである。二七〇〇メートルの高地であり、周りに街の光もなく、それまでどこで見た星空よりも美しく、息を呑む壮大さだ。

「ここで星座の神話の一つでも話せたら、相当ロマンチックな男になれるのにな」

博識な父は唯一の教養の盲点を悔やんで笑っていた。次に泊まるホロンボハットはもう一〇〇〇メートル高い三七〇〇メートルに位置する。そこから見る夜空はどれほど見事だろうかと、思いを巡らせていた。

さて最初の就寝時、キリマンジャロ登山の最初の試練が訪れた。それはダイアモックス服用による「頻尿」という副作用である。前年のレモショールートではソロテントだったので、私は携帯用の尿瓶で用を足せていた。今回は四人一組でキャビンに寝泊まりしており、夜中に音を立てて異臭を漂わせるわけにはいかないのである。皆静々と音を立てないように屋外に出て、一〇メートルほど離れたトイレ小屋に駆け込む。皆平均で四回は尿意を催していたから、二段ベッドの上で寝ていた若い連中は昇降のたびに相当なエクササイズをこなしたことになる。翌朝、

「さすがに夜中四回もトイレに行くのには参りました」

若手が口を開けば、

「俺は五回だぞ。夜空が綺麗だからそのたびに外に出るのが楽しかったよ」

父が強がりを言って笑い飛ばしていた。

入山二日目――マンダラハット↓ホロンボハット

マンダラハットで迎えた山中初めての朝は、前夜の星空に負けない美しさに包まれた。

薄明かりの中、朝食が用意される小屋前のデッキに上がると、山並みの分かれ目の東の遠方から、日の出がちょうど迫り上がる瞬間だった。太陽はあっという間に眼下の雲海を照らし出し、その時初めて我々が雲のはるか上に寝泊まりしていた事実に思い至った。一日のスタートに相応しいこの上ない清々しさに溢れた眺望だった。

振り返れば富士山登頂時は悪天候に見舞われ、父は正真正銘の「ご来光」を拝めなかった。これほどまでに鮮明な日昇の一部始終を堪能できたのは、父にとっては何年振りだろうか。太陽が発するエネルギーを体で感じながら、二日目の登山への意欲がかきたてられている様子だった。

マンダラハットは熱帯雨林の中に位置するため、登山スタートからしばらくは相変わらずの森の中を進んで行く。三時間ほど歩いた頃だろうか、徐々に木々の背丈が低くなり、薄くなった枝振りの奥に遠くの景色が覗けるようになる。先頭を歩く軍人のような恰幅のガイド、ケルビンが、

「もうそろそろムーアランド（荒野地帯）だ」

と説明してくれた。キリマンジャロが有する五つの気候帯のうち、三つ目のゾーンに

入り込んでいた。そこから徐々に高木は消え、低木や高山植物に囲まれるようになる。長めの休憩をとっていると同行していたもう一人のガイド、オネストが

「茂みの向こうに少し歩くと、素晴らしい眺望が楽しめるよ」

と笑顔で教えてくれた。荷物を下ろした数人とぞろぞろと歩いてゆくと、遥か彼方に二つの峰が確認できた。我々が登頂を目指すキボ峰と、その東側にせり立つマウェンジ峰である。山中に入ってから初めて目にするキリマンジャロの頂に、皆が興奮してシャッターを切っていた。

ガイドによるとキリマンジャロは計三回の噴火活動によって形成されたという。最初の噴火は二五〇万年前、太古の昔に北西に位置するシラ峰がまずそびえ立った。その後南東のマウェンジ峰が噴火で形成され、最後に中央のキボ峰が噴火し、現在のアフリカ大陸最高峰の高さとなった。我々の祖先ホモ属がアウストラロピテクス属から分化し、現生人類へと進化する過程にあったのがちょうどこの頃。我々の目の前にある自然の造形は太古の歴史そのものであり、人類発祥の歴史でもある。その膨大な時間の流れを山の峰の壮大さに重ね合わせ、人々は畏敬の念を抱くのだ。

熱帯雨林の中を進む

荒野地帯に入ると道幅も大きくなり、下山途中の多くの登山グループとすれ違った。ぱっと見ただけでも北欧系、東欧系、ヒスパニック系、中東系と様々で、世界各国からこの大陸最高峰を目指して登山者たちが集まっていることがわかる。下山者の中には「山頂の景色は素晴らしかった。あなたたちにもきっとできる」と高揚した様子で声を掛けてくれる者もいる。我々は下山者の満足そうな顔を表情を見ては、

「あの人も山頂まで行けたんでしょうか？」

「じゃなきゃあんな満面の笑顔は見せないでしょう」

などと確認し合い、羨ましさと憧れが混ざり合った感情が湧き立つのだった。

スタートから五時間ほどが過ぎ、サボテン状のジャイアントロベリアという大きな植物に周りを囲まれる頃、パラパラと小雨が降り始めた。熱帯雨林の大きな木々の下であれば気づかぬくらいの雨粒だが、野ざらしの荒野地帯では直にそれを浴びることになる。実は高所での雨はなかなか厄介で、一度濡れてしまった衣服はなかなか乾かない。登山の序盤に濡れてしまった衣類が下山までそのままだった、というキリマンジャロでの体

験も聞いていた。先頭を進むケルビンにレインギアを装着する旨伝え、各々が上下セパレートのレインギアや、上から被るポンチョを着込んだ。

父のレインギアはゴアテックスの上下で、その撥水性と通気性の良さは富士登山で実証済みである。特に脚の両サイド、腰からくるぶしまでを一気にジップアップできるパンツはキリマンジャロでも活躍した。雨が降り出すと泥のついた登山靴のまま裾を汚さずに着衣するのは至難の技である。高齢の父には着脱に時間が掛かり、雨に濡れ続けると、体力が奪われてしまう。ましてやそれを手伝う私はその間ずぶ濡れとなる。この日、雨は降ったり止んだりが三度ほどあり、その都度私とビルダードが父のレインギアの着脱を行ったが、巧みなチームワークで咄嗟《とっさ》にこなすことができた。

前日の天気の良さが嘘のように空気は湿り気を帯び、あたり一帯は強い風に押されるガスに包まれた。頭を覆うフードからは雨水が滴り落ち、水溜りを避ける足取りも重く、さすがに一行に疲れの色が目立ってきた。時折休憩を挟むが、隊列を率いるケルビンやスターソンは時間が予想以上に経過していることを気にして、早く動き出すようにと一行をせかすようになる。ガイドたちには日が暮れる前に次のキャンプ地に無事に隊列を

到着させる任務がある。視界が濃霧で覆われ、登山道の先の起伏も読みにくくなってくると、隊列の中の一人が、

「あの峠の凹凸が今日泊まるホロンボハットじゃないですか？」

と希望的観測を述べる。だが気持ちを奮い立たせて数百メートル歩いて近づくと、それがただの切り立った岩だと気づく。まるで濃霧の中で蜃気楼を追いかけているようだった。
三、四メートルはあるジャイアントセネシオの木々の間を抜けると、尾根の向こうから何人かがこちらに近づいてくる。先にホロンボハットに到着していたポーターの何人かが、わざわざ助けに戻ってきてくれていたのである。笑顔で挨拶を交わすと、田中や南里、富永の荷物を背負って一緒に歩き出してくれた。ポーターのこの上ないホスピタリティーに、一同顔をほころばせ、最後の数百メートルをなんとか乗り切った。
ホロンボハットに到着した時には時計の針は一八時に近づいていた。小屋に到着するや否や父と南里はデッキ階段の上に仰向けに倒れこんだ。朝の八時から歩き始め、一二キロ山道をかれこれ一〇時間近く歩き続けてきたのである。途中の数度の降雨が体力を奪ったのは言うまでもない。

事態を憂慮した池田が私の元に寄ってきた。

「光平さん、ホロンボハットへは通常一五時ごろに到着するものです。一八時の到着はいくらなんでも遅過ぎますね」

的確な指摘だった。池田と話すうち、メンバーのうち何人かに脚力の不安があり、途中何度も立ち止まってガイドたちの体力まで奪っていたことなどが徐々にわかってきた。最後に近づいてきたポーターは、ガイドの無線の救援要請で駆けつけてくれたのである。

「今日のペースで続けていたら、山頂を目指すのはかなり難しいですね」

追い打ちをかけるような池田の指摘に私もさすがに深刻さを感じ、夕食後にチーフガイドのジョシュアと池田、私の三人で次の日以降の対策を練ることとなった。


ホロンボハットは前日のマンダラハットと同じく、切り立った三角屋根の大きなキャビンと小さな小屋が軒を連ねている。唯一異なるのはその周囲の光景である。南東側には目の前を隔てるものがなく、視界に入る全景が雲海である。北西には我々の目指すキボ峰、そして隣接するマウェンジ峰が神々しく聳《そび》え、我々登山者の宿泊地を守護しているかのようである。

各キャンプ地での宿泊場所の割り当ては、現地のパークレンジャーが到着当日に行う。どの小屋のどのベッドで寝るかはその日次第なのである。会長を囲む中安、富永、私の四人は前日と同様の大型のキャビンに泊まることができた。問題は残りの六人である。小さな小屋を覗き込むと、コの字型に配置された二段ベッドに六人が所狭しと並んでいる。体を横たえれば隣の人の足に頭がつき、起き上がれば小屋の斜め屋根に頭をぶつける有り様である。大きなダッフルバッグを荷解きするスペースもわずかしかない。

「これじゃあまるで『蟹工船』ですよ」

私は小林多喜二の描く過酷な労働現場の情景を思い起こし、申し訳なさそうに父に報告すると

「我々が優雅な旅をしていると勘違いしている人もいるだろうから、しっかりと写真に収めて報告しなきゃいかん」

物珍しさに上機嫌となり、広報の富永に何枚かの証拠写真を撮らせていた。

その日の夕食後、メンバーたちの健康診断を終え、ジョシュア、池田と私が居残り、話し合いの場を持った。いちばんの危惧は合計二〇キロを踏破したこの時点で、脚に自

信のある者と、やや遅れを取る者が明確に分かれてきており、ペースの違いが隊列の渋滞、全体の遅延に繋がっていることだった。

協議の結果、翌日から一〇人でのまとまった移動は避け、速いグループと遅いグループの二つの隊列に分かれて登坂することを決めた。幸いガイドはチーフのジョシュアをはじめオネスト、スターソン、ケルビンの四人が同行していたため、二つに隊列を分けても、それぞれにガイドが二人帯同できる。翌日三日目は高度順応を予定しており、比較的短い距離、低い高度を登り元のホロンボハットに戻る一日となる。新しい隊列を試す良い機会になると思った。

入山三日目——ホロンボハットにて高度順応

この日は初めての高度順応の日となった。三〇〇メートルほど高度を上げるトレッキングを行い、三時間程度で同じホロンボハットに戻ってくる。「Climb High, Sleep Low（高い所へ登り、低い場所で寝る）」を実践するわけである。同じ宿泊地に戻るわけなので、荷物を置いたままで出発できる。パッキングがない分、朝方の慌ただしさがなく、皆ゆった

である。これだけの人たちが陰ながらサポートしてくれているんだと、登山隊のスケールの大きさに改めて圧倒された。同時に山頂に何としても到達したいという願望もますます高まってくる。ポーターたちが歌い上げる「ジャンボ・ブワナ」は、「俺たちもついてるよ。安心して登って行きなよ」と登頂者を鼓舞してくれる、いわばキリマンジャロならではの応援歌なのである。

この朝あたりからメンバー数名に高山病の症状が出始めていた。少し荷物の整理をするだけで息が上がり、服を一枚羽織るのも煩わしく感じたり、食欲の減退が目立つ者もいた。私も起床時に上体を起こすと側頭部に偏頭痛を感じたので、少量だが鎮痛剤を飲み始めていた。まだ二泊目とはいえ我々は富士山の頂上とほぼ同じ高さで一晩を過ごしているわけで、酸素量が平地の七割程度の環境の中で、身体に様々な影響が出るのも当然だった。

やはり私がいちばん心配していたのは就寝時の父の容態である。事前の東京での低酸素トレーニングでは、高所で仮眠をとるシミュレーションも行っており、その時の父の酸素飽和度（SpO_2）は五〇%代まで下がり、トレーナーから注意を受けていた。私は前の

ホロンボハットに集う10名の日本人登山者と29名のタンザニア人のポーター達

晩同様、父が夜中にトイレに行くたびに付き添い、しっかり意識があり、容態に変化がないことを確認していた。実はダイアモックスの利尿作用が功を奏していて、夜間に四回、五回と尿意で目を覚ますたびに、立ち上がって呼吸を整えることができる。酸素飽和度が薄いまま深い眠りについてしまうより、重い高山病にかかる確率がずっと低くなるわけである。少々言葉は悪いが私は夜中に父が尿意をもよおして動き出すたびに、「ちゃんと意識があるな。まだ無事に生きてるな」と生存確認を行っていたのである。

出発にあたり誰よりも早く身支度を済ませた父は、サングラスを付け、トレッキングポールを握って大きな石の上に座って構えていた。他のメンバーは高山病で呼吸が乱れているせいか、集合に手間取っている。

「高山病の症状はないですか？」

と私が父に確認すると、

「全くございません！　素晴らしい朝ですね。さあ行きましょう！」

とただ一人意気揚々とした様子である。そもそも高山病は普段平地での酸素の消費量が多い若者や体の大きい人がかかりやすいといわれている。父のように高齢でいわば「省エネ型」で体を動かせる人は比較的影響が出にくいともいわれている。それでもメンバーの中で高齢者が、他の若者を差し置いていちばん元気であるのはやはり尋常ではない。当の本人は厚手に塗り込んだ日焼け止めで顔が白塗りのようになっている。ホロンボハットの小屋と小屋の間から覗くキリマンジャロの山頂を見つめながら、不敵な笑みを浮かべていた。

隊列は前日の打合せどおり二手に分け、速いグループには若手の和田、秋山、中安を先頭に富永、田中、岡田が続いた。遅いグループには父と南里、それをサポートする形で池田と私が入った。今日の目標は前日の反省を踏まえ、立ち止まらずに動き続けること。他のメンバーの遅れは気にせず、とにかく前に進むようお願いした。池田も隊列で移動する際の注意点をいくつか皆に伝えていた。

「一人が途中で靴紐を結んだり、装備を調整したりするだけで全体に遅れが生じます。些細なことですが、装備品は緩みのないよう各自がしっかりと身につけて下さい。また小休憩をとるときは、各自でも携行食をとったり、一枚レイヤーを着込んだり、その時間を使って必ず何かをして下さい」

小さ時間のロスが一〇人分積み重なると大きな遅延に繋がるのは前日の長時間の登坂で痛感していた。やはり登山者たるものいかに他のメンバーに迷惑を掛けないか、そしてチームプレーが大事なのだと、池田のアドバイスに納得していた。

高度順応は本来の登山ルートから逸れる形でマウェンジ峰方面に向かい、緩やかな勾配を一時間半ほど登る行程である。三〇〇メートルほど高度を上げた先には「ゼブラロック」と呼ばれる鮮やかな白黒の縞模様を帯びた岸壁が待っている。キリマンジャロには他にもラヴァタワー、バランコウォールなどの優れた景勝地がある。これらの場所で撮る集合写真もキリマンジャロ登山における大事な登頂録の一部となる。

速いグループに遅れること一〇分ほどで残りのメンバーもゼブラロックに無事到着した。心配していた父や南里の足の遅れもそれほど目立たなかった。むしろ他の人を気にせず自分たちのペースで歩ける充実感を感じているようだった。

休憩時にふと高度計を目にすると、すでに四〇〇〇メートルを超えていた。富士山の遥か頭上で活動している事実に驚きながら、ポーターが運んでくれた紅茶とクッキーを楽しんでいた。いわば天空のティータイムである。ここで呼吸を整え、またゆっくりと下って宿に戻れば、今晩は良い睡眠がとれそうだ、と皆で話していた。

この日の夕食時、ただ一人秋山の姿が見えなかった。高度順応の登山の間は元気だったものの、その後風邪に似た体調不良があって、咳込む回数が増えたようである。他のメンバーに不快感を与えては、との本人の配慮で、非常食などで別途夕食を済ませるという。

財団の海外出張で若手が倒れるのは実はそう珍しいことではない。職員に課せられた海外での任務は相当量があり、事前の準備や、当日の連絡、調整などで気苦労も絶えない。海外で変わった型のインフルエンザを罹患するのは、大抵疲労の蓄積した若手なのである。そのあたりの事情をよく察してか、和田の方から今晩の宿を一人だけ分けた方が良いのではないか、と提案があった。確かにあの「蟹工船」の密集した室内では、他のメンバーの体調にも影響を与えかねない。

ジョシュアに相談すると、どのキャビンや小屋も各国からの登山グループで一杯だという。ただし唯一特別な仕様の「ＶＩＰルーム」なるものがどうやら存在するらしい。

「いちばん若い人がそこに入るわけないよね」

ジョシュアがこちらを探るように言う。それを聞いて面白いと思ったのか、

「秋山さんにVIPルームで休んでもらったらいいよ」

笑顔の父から助言があった。

「若い人がVIPルームで優雅に過ごして、役員の連中が蟹工船で寝泊まりしてたら、こりゃなかなか滑稽な話になるな」

どうやら父は常に「盛れる」土産話を探している感があり、それを承知している一同もにんまりとしていた。何より若手に優しい「ホワイト企業」としてもPRできるかもしれない。

VIPルームは個別のフレームベッドと専用のトイレ、シャワーまで備わった文字通りの特別室だった。秋山はこの待遇に困惑しながらも、養生に専念できたのである。

入山四日目――ホロンボハット↓キボハット

入山四日目となり、行程的には折り返し地点に差し掛かった。この日はいよいよ最終キャンプ地、標高四七〇〇メートルのキボハットに向かう。約一〇キロほどを踏破する

必要がある上、約一〇〇〇メートルの高低差がある。なかなかの忍耐力を要する日になるだろうと予想していた。

早朝の出発時には前日体調を崩していた秋山も元気を取り戻し、一〇人全員揃って登山を開始できた。父や中安はふざけて、

「VIPがいらっしゃったぞ」

と秋山を出迎え、本人を恐縮させていた。

前述の通りこのマラングルートの登頂成功率は五五％と意外に低い。我々は一〇人のメンバーで挑んでいるから、三、四人は脱落してもおかしくない計算となる。事前にはホロンボハットに何名かが残らざるを得ないような事態も想定していたため、全員でキボハットに向かえることは、チームとして非常に誇らしかった。

しばらく歩き進めて高度が四〇〇〇メートルに差し掛かると、段々と荒野地帯の植生がまだらになってくる。このあたりからいわゆる森林限界となり、植物がいっさい見当らない四つ目の気候帯「高地砂漠」の風景が広がってゆく。登山道の脇には「Last Water Point（最後の水場）」と書かれた看板があった。まだ山頂が厚い氷河で覆われている頃には、

この場所は沢の水で溢れていたという。残念ながら今は小さな水流があるのみで、こんなところにも氷河減少の影響が見られる。我々が通った時には何人かのポーターが数キロ先のキボハットからわざわざバケツで水を汲みに来ていた。池田からこの先からは水が大変貴重になるので、水筒に余った水などを決して無駄にしないように、と忠告があった。

足元は次第に細かい岩屑や砂利となり、目の前は視界をさえぎる植生がないため、数キロ先の景色まで抜けて見える。遥か先まで続く一本道の先には、キボ峰が威風堂々とそびえ、頂上の氷河もしっかりと視認できる。起伏のある道を「あの丘まで。あの丘まで」と繰り返し登ってゆくが、なかなかキボ峰はこちらに近付いてきてくれない。我々はただ黙って「ポレ・ポレ」で歩みを前に進めるしかない。

アメリカ西海岸にはエルカミーノレアルと呼ばれる南北千キロに及ぶ一本道がある。スペイン植民地時代には修道士たちがキリスト教の布教のために、サンディエゴからサンフランシスコまで、延々と北へ北へと進んでいったという言い伝えがある。我々は奇しくもハンセン病制圧に向けた啓発活動で、この長い一本道を山頂を目指し北へと足を進めている。何時間もこの景色の変化のない砂漠の中を、お互い言葉を交わすことなく

荒野地帯での高度順応

黙々と進んでいると、まるで自分たちが布教活動中の修道士であるような錯覚を起こしそうになる。

登山道は東側に大きくそれ、右にマウェンジ峰、左にキボ峰を望む雄大な景色の中を分け入ってゆく。岸壁が切り立って荒々しい表情のマウェンジに比べ、キボはやや丸みを帯びた優しいフォルムをしている。目を凝らすと、我々が目指すギルマンズポイントと呼ばれる山頂、そしてそこから蛇行して伸びる登山道も確認できた。

「明日の夜には、あの斜面を登ってゆくのか」

と皆緊張した面持ちで見上げていた。

標高四七〇〇メートルのキボハットには出発から七時間後の午後一四時半に到着した。今までのキャンプ地で目立っていた三角屋根の小屋は少なく、ロンガイルートやノーザンサーキットなど他のルートから合流する登山客の設営した多くのテントがひしめき合っていた。

我々が宿泊する部屋は、石積みの壁に囲まれた建物の一角にあった。中には数台の二

キボハットに続く登山道とキリマンジャロの山頂

段ベットが所狭しと並んでおり、この日は初めてグループの一〇人全員が一つの部屋に泊まることとなった。暗い室内に小さな鉄格子の高窓からわずかな光が差し込むと、刑務所に収監された様な気分になった。

標高が上がるにつれ、キャンプ地でのトイレ事情はよりシビアになってくる。今までかろうじてあった水洗式のトイレはなく、全て掘り込み式である。また洗面の蛇口などもここにはない。小屋が石積みのせいか室内は予想以上に寒く、用を足す際は気温零下の中を、二〇〇メートルほど離れたトイレ小屋まで歩かなければならない。私は山頂アタック時に使用する最厚手のダウンジャケットをダッフルバッグの奥底から引っ張り出し、トイレの際はこれを着込むようにと父に手渡した。数度トイレを往復すると、平地の五割程度の酸素の薄さから私もさすがに息が上がってしまい、途中で別のメンバーにトイレまでの父の付き添いをお願いしたりもした。

部屋の中は各自が荷解きを始めると二段ベッドが山岳グッズで埋め尽くされ、合宿所さながらの雰囲気となった。ベッドに囲まれた空間の中心には皆が座れる大きなテーブルがあり、食事はここでとる。

この日の晩の夕食時、私からメンバーに改めて現状の体調と、翌日に山頂を登る意思があるかを確認した。南里はここまでの三五キロの山道でさすがに体力にも限界がきており、このキボハットを最終地にすると決めていた。南里は直前までエチオピアで仕事をこなし、別ルートで一人タンザニア入りするという忙しさだった。また事前の東京での低酸素トレーニングでも、なかなか酸素飽和度が回復せず苦労をしていたと聞いていた。そんな中この最終キャンプ地まで到達できたのは、ハンセン病制圧活動の責任者としての気概であり、元山岳部としての意地を発揮したともいえる。よくここまで到達して下さった、と皆で労いの言葉をかけ、私も翌日に下山が開始できるようポーターを手配した。

同じ質問を父に向けると

「私は山頂を目指します」

というストレートな答えが返ってきた。キボハットまでの登山中、何度か同行する池田と私と記念写真に収まっており、父は南里と同様キボハットを最終地と考え歩いているのだと思い込んでいた。幸いここまでただ一人高山病の症状が出ておらず、体力的にはまだ余裕を残していた。本人も手応えを感じていたのかも知れない。

「会長もついに山頂を目指すんだ」という驚きと緊張が皆の間を走った。父が山頂アタックをかけるからには、それ相当の準備と段取りが必要になる。サポートする側も、別の隊列で登る側も、父の頑張りに負けるわけには行かず、気持ちを入れ替える必要がある。私はその晩寝袋に包まれながら、あれこれと頭の中で山頂アタックのシミュレーションを繰り返していた。

入山五日目――キボハットにて高度順応

この日は高度順応のトレッキングのみの予定だったため、遅めの起床、遅めの朝食となった。ちょうど登山への身支度を整えていた頃だろうか、一泊目に同じ宿をとっていたイギリス人の女性が山頂から降りてきたところだった。我々は今回特別な許可をもらってキボハットに二泊させてもらっている。通常のプランであればこの女性と同じく山頂アタックを終えていたはずだった。

その女性は体力的にかなり消耗しており、ポーターの助けを借りて降りてきたようである。前日にホロンボハットから一〇キロを歩いた後、仮眠をとってすぐその晩に山頂を目指すのがどれだけ大変かを物語っていた。我々の登頂プランがいかに恵まれているかを痛感した。

この日の高度順応は前回のホロンボハットでのものとは異なり、山頂アタックと同一のルートを約五〇〇〇メートルの高さまで事前に登ってゆく。山頂アタックの本番では、深夜暗闇の中周りが全く見えない状況であって、事前に足元の砂礫や、傾斜、岩場を確認するという意味で非常に有意義な機会になった。標高も上がり日中の気温もかなり低くなっており、本番さながらに厚手の手袋やニット帽を試し着するメンバーも多かった。

前日に山頂への挑戦を表明していた父は、やや緊張気味にこれまでとは異なる山肌に挑んでいた。今まで以上に「ポレ・ポレ」とゆっくり足を進め、約三時間ほどで五〇〇〇メートルの高さまで辿り着き、大きな岩場で休憩となった。本番ではこの場所を中間地点とし、さらに倍以上を登る計算となる。父の様子を見る限り、足腰に疲労の色は全く見られなかった。またこれほどの高地に達しても酸素飽和度や脈拍も大きな乱れがないのは正直驚きだった。本番はさらに気温が下がり、風も出て、悪条件が重なるものの、山頂アタックは父にとっても、我々にとっても、より現実味を帯びるようになった。

高度順応の間、私はジョシュア、池田と山頂アタックをどのような形で進めるかをあれこれと話し合っていた。

深夜ではなく早朝四時に父のグループの登頂を開始しては、とジョシュアが腹案を出してきた。二時間も経てば日が登り気温も上がるため、父の身体や心臓にも負担がかかりにくいのではとの配慮だった。ただ同じ日にホロンボハットまで戻る行程を考えると、山頂には遅くとも一〇時までに到着しなければならない。またキボハットに戻っても休む時間はなくホロンボハットへの下山を始める必要がある。各所にタイムリミットが課せられる中で急ぎ足で隊を進める計画は、逆に父への負担が増すとの意見も出た。

最終的には隊列を二つに分け、父とそのサポートで構成される先発隊と、その他メンバーの後発隊で出発時間を分ける案で決まった。先発隊は深夜の出発予定時間を少し前倒しして登り始め、なるべく急がず時間をかけて確実に登っていこうという計画である。

その日の夕刻はいつもより早めの時間に夕食を済ませた。その夜に迎えるであろう過酷な山頂アタックへの緊張もあって食欲も湧かず、ウェイターに食事の量を少なめにするように頼んでいた。実はこのキボハットでは四七〇〇メートルの高度が影響し、私を含む何名かが嘔吐感をもよおしていた。シェフの用意した食事を口に入れた瞬間、咀嚼ができずに思わず逆流しそうになる。その後はテーブルの上の食事を目にするだけで自動的に嘔吐感を感じるという、「逆パブロフの犬」状態に陥っていた。

幸いこれまでの行程では食事の不満もなく、日本から持参した非常食はほぼ手付かずになっていた。この際、栄養を補い景気付けの意味でも開封することにした。中身はアルファ米の雑炊やリゾット、登山用に小分けされたラーメン、ふりかけ、緑茶や梅昆布茶の粉末など、いずれも和田が皆の好みを考えて事前に買い揃えてくれた品々である。アルファ米は袋に熱湯を注げば三分で出来上がる。新潟県産のお米を急速乾燥させた商品で、予想以上の美味しさに皆舌鼓を打った。ここ数日は水分補給を意識して現地のブラックティーやハイビスカスティーを何杯も飲んでいた。久しぶりに梅昆布茶をすると、日本人として慣れ親しんだ味に感激し、カリウムやクエン酸など登山に欠かせない栄養に満たされていくような気がした。シェフの料理と、日本からの非常食との合わせ技を試す者もいた。シェフのチキンスープにラーメンを落としたり、シェフのオートミールにおかかのふりかけをかけたりと、なんとか胃に食べ物を流し込もうとしていた。

食後、恒例のメディカルチェックを済ませ、チーフガイドのジョシュアから山頂アタックについてのブリーフィングがあった。最後の行程は四七〇〇メートルのキボハットから、五七〇〇メートル付近のギルマンズポイントまで。途中五〇〇〇メートル付近から気温が一気に下がり、手持ちのハイドレーションは凍りついてしまう。山頂付近はマイナス一〇度〜一五度まで下がるため、上半身はレイヤーを五枚、下半身についても三枚は重ね着するように指示を受ける。このあたりは私が前回のレモショールートの経験をすでに共有していたため、皆は驚くこともなく聞き入れている様子だった。

続いて私の方から山頂アタックにおいての計画と注意点をチームに伝えた。隊列は先発隊と後発隊の二隊に分かれる。先発隊は高齢の父を中心に、体力に自信のある中安と私がサポート、医師の池田が帯同するという四名となった。後発隊は田中、富永、和田、秋山に医師の岡田が加わる五名とし、先発隊と時間を空けて出発する。先発隊は父に合わせゆっくりとしたペースで足を運ぶため、上手く行けば山頂付近で後発隊が追いつき、頂上で皆が合流できる。また万が一父が途中断念の形をとっても、後発隊の五名がそのまま頂上を目指して、父の代わりにハンセン病のバナーを掲げられるとの目論見もあっ

キボハットにて食事休憩をとるメンバー達
右から笹川陽平、南里、和田、田中、池田、岡田、秋山、中安、富永、筆者

た。ジョシュアが諸々の状況を勘案して、先発隊は二三時出発、後発隊は一時間遅れの二四時出発とした。

続いて池田が山岳エキスパートして口を開く。

「これまでの五日間のトレッキングと、これからの山頂までの登山は全くの別物だと考えて下さい。深夜に出発して暗闇の中、斜度のきつい岩山を、体力がぎりぎりの中で登ることになります。途中で登山を断念するとすれば理由は二つ。寒さと高山病です」

この時間帯はキャンプ地での電力消費を抑えるため、テーブルの上には裸電球が一つ点灯しているいるだけ。これまでの数日の山中生活で皆の髭は伸び、頬も痩けており、薄明かりのテーブルで顔を合わせる皆の表情が一層深刻に映し出される。父は後にこの時の様子を、これから起るであろう過酷な登山体験を前に、まるでお通夜のような雰囲気だったと回顧している。池田が続ける。

「山頂近くで動けなくなった場合、医師としてその場で施せる術は正直ありません。ポーターの力を借りて山から降ろす。これが症状を悪化させない唯一の手段となります」

普段落ち着いた語り口の池田が、やや表情を怖ばらせて語る「山の恐ろしさ」に、一同一層の緊張感を持って山頂アタックへの準備に取り掛かった。ヘッドランプの電池は満タンの予備電池に交換した。上半身に厚手のダウンを着る者、薄手のジャケットを重ね着する者と様々。シューズの中も靴下を二重にする者、小型のカイロを甲に貼り付ける者と、各自のアレンジが加わる。富永は背中に背負う荷物を省くため、二リットルのハイドレーションパックを背中の衣服の内側に結びつけた。こうすると中の飲料は常に体温で温められ、零下の気温でも凍りつくことがなくなる。

父と私は頭のニット帽から脚先のシューズに至るまで基本的に全て同一の製品、同一の装備を身に付けた。父の温度変化を一緒に体感できるし、装備に不具合がある場合は交換も可能だった。

山頂への一〇〇〇メートル

先発隊のスタートは予定より少し遅れ二三時半に差し掛かっていた。後発隊の和田が父にシューズやゲイターを履かせたり、岡田が二枚重ねの防寒用手袋をつけさせたりと、父の準備が万全となるよう色々と手伝ってくれた。今回の長い遠征のハイライトとなるべき主人公の舞台を助演のメンバーが整えてくれている。ヘッドライトを点灯し、父、私、

中安、池田の順に並ぶと、後発隊のメンバーがキボハットの小屋の前で、

「会長頑張って！」

「行ってらっしゃい！」

「山頂で会いましょう！」

と次々に声を張り上げて送り出してくれた。我々としては後発隊に追い抜かれないよう、自分たちのペースで足を進めることだけに集中した。

それまでの予想に反して、五日目の夜は夜空に星が輝く穏やかな気候だった。前年のレモショールートでは粉雪が強風で顔に吹きつけ、たちまち頬が赤くなった。この時はほぼ無風で、ダウンジャケットの襟元を開いても寒さを感じなかった。父もしばらく歩くと体温が上がり、五枚目のゴアテックスを脱いで動きやすい格好となった。このままの気候で登ることができれば、山頂付近でも軽アイゼンをつけないでも済むのではと、少し楽観的な気持ちになった。

キボハットから我々の目指すギルマンズポイントへは、約一〇〇〇メートルの標高差がある。前日までに一〇〇〇メートルの標高差は計三回踏破していたので、時間をかけ

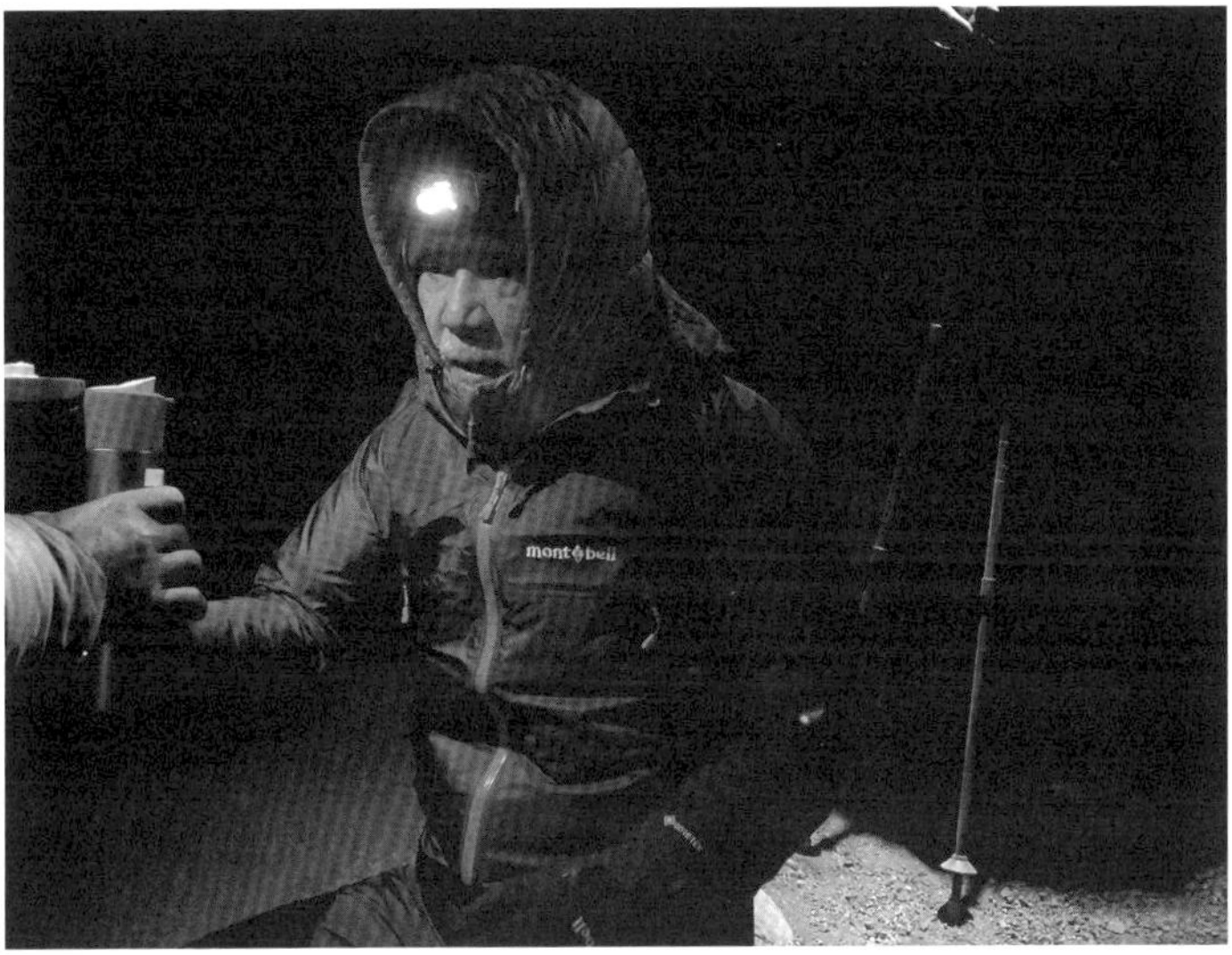

深夜の山頂アタック
休憩を挟み、次の数百メートルに備える

れば父にも十分登り切るチャンスはある。しかし問題は傾斜と足場の変化だ。キボハットを出て最初の三〇〇メートルの高度までは緩やかな傾斜が続き、前日までのトレッキングと同様、山に正面から向かい合って歩行ができる。次の三〇〇メートルの中腹からは傾斜がきつくなり、砂礫で滑りやすい斜面をトラバース（横断）しながらジグザグに登ってゆく。最後の山頂付近は岩稜帯となり、トレッキングポールを放して手で岩を掴みながら登る人も多い。キリマンジャロの起伏は遠方から見れば一目瞭然だが、単独峰で裾野は緩やかに長いものの、山頂部に近付くほど傾斜がきつくなり岩肌の起伏が激しくなる。

最初の三〇〇メートルは前日の高度順応と同じルートで経験済みである。皆順調に歩みを進めていた。

「昨日せっかくこの高さまで登ったんだから、ここでビバークさせてもらえれば、今日は楽に登れたのにな」

ぼやく父に対し、

「それでは高度順応にならないでしょう。こんな高所で寝てたら凍傷で死んでますよ」

と笑って答える余裕があった。

ガイドたちは登坂中、お決まりの掛け声を何度となく我々に反復させた。

「One team, one dream.（一つのチーム、一つの夢）」

「Non stop, to the top.（立ち止まらずに、頂上まで）」

山頂に辿り着くまでの間、この掛け合いは何度も繰り返され、チームの連帯感と士気を高めてゆくのである。この言葉を口から発すると自然と足が前へと進んで行く。またこうして互いに声を掛け合うことで、暗闇で互いの表情がわからない中でも前後の距離感やそれぞれの疲労度を次第に掴めるようになってくる。


約二時間ほどで中腹に差し掛かると、父の背後にサポート役のポーター、ビルダードが控えるようになっていた。砂礫の斜面をトラバースするにあたり、父が谷側に転ばないよう時折手を差し伸べていた。後ろから父を見守っていると、このあたりから足元を砂利にとられふらつく場面が目につくようになる。またトレッキングポールが上手く刺さらずに上体のバランスを崩すことも度々あった。

動作が激しくなるにつれ、父がより頻繁に休憩を挟むようになった。やはり五〇〇〇メートルを超える高度になると息切れも激しくなる。本人の要望で三〇分に一度、二分程度の短い休憩を挟んでいくこととなった。外気温が零下になると、長い休憩は冷気にさらされ逆に体力の消耗につながる。父は与えられた二分の休憩の中で息を整え、体勢を整えて次の三〇分の登坂に備えていた。

標高が五四〇〇メートルあたりまで来た所だろうか、暗闇の中へッドライトをつけた池田が私に近寄ってきて耳打ちする。

「会長のふらつきは正直このままでは危ないです。下山の分の体力も残しておかないと。山頂の断念も考えておいて下さい」

父の目が虚ろになってきたのは、高山病からくる眠気が原因ではないか、持参しているカフェインの錠剤を飲ませたらどうか、などと池田の意見を聞いた。池田の回答は間違いなく体力の減退によるものだとのことだった。

山頂へ残り三〇〇メートル程度を残して、初めての長い休憩を取った。ポーターたちが素早い手捌きで熱い紅茶を配り始める。前回レモショールートでも活躍した「魔法の紅茶」の登場である。ポーターの手にはやはりグルコースの粉末が握られていた。すでにハイドレーションは凍りついていたため、熱い液体を胃に注ぎ込むには絶好のタイミングだった。冷え切った手のひらもグラスで温めることができた。

父はいつものようにビルダードの用意した折り畳み椅子に腰掛けて体調を整えている。私は身をかがめて話しかけた。

「これ以上登るのは正直危険です。体力的にも限界が近いと思います」

父は今まで見せなかった生気のない表情を浮かべ

「ここで下りるのは正直残念ですね」

と小声でつぶやいた。私は呼吸を整えながら続けた。

「ただこの休憩の後数十メートルで構わないので、少し歩いてみて下さい。そこで足が再びふらつくようであれば、そこでドクターストップです。すぐに山を降りる判断をしましょう」

言葉を選びながら慎重に伝えると、この計画に当初から反対をしていた役員や家族の顔が頭に浮かんだ。父の身体に万が一のことが起きれば、その全責任は私が被ることになる。何より国内最大の公益財団のトップがこんなところで命を落とせば、それは大袈裟ではなく日本の非営利活動そのものの損失にも繋がる。一方で父本人の志、キリマンジャロに抱く挑戦の想いを、残り数百メートルの所で断念させて良いのか、相当な躊躇の念があった。私は数十メートルという「猶予」を与え、本人の身体に回答を託すことにした。

この時の私の判断について池田は後に次のように述べている。

「誰もが山から降ろすところじゃないですか。医師として私なら確実に下山させてます。実の息子だからこそ、あの場面で登らせる決断ができたんだと思います」

いつも父に対して厳しい声で発破をかける母に私がなり代わっていたのか、それとも父ならできるという確信めいたものが私にあったのか、正直わからない。ただこれを機に父の足取りが一歩一歩しっかりしたものへと変化してゆく。時折谷側に足がずれることがあっても、ビルダードが腕を差し伸べて巧みに回避してくれる。池田の助言が入る。

「会長はトラバースは苦手だけど、大きな岩場を乗り越える時は安定してるし体力もありますね」

あと少し登ればトラバース帯が終わり、滑りやすい砂礫が大きな岩場に変わる。そこまで行ってしまえば山頂まで辿り着くのも夢ではない。時計の針はすでに四時半を回っていた。かれこれ五時間は暗闇の中をヘッドライトの灯りを頼りに登ってきたことになる。あと一時間も経てば夜空が薄明かりに変わる。もう一時間で日の出となり気温も上昇する。父の身体に負担がかからない形で登頂も下山も可能かもしれない。希望の光が見えてきた。

山頂まであと二〇〇メートルほどに達した時、後ろで池田が大きな声で叫んだ。

「会長、行けるよ！　あと少し！」

それまで冷静な表情を崩さず、常に客観的・論理的に可否を判断してきた男が、急に決死の形相となって鼓舞し始めた。感情のインジケーターがあるとすれば、今まで下を向いていたメーターの針が、一気に振り切れたかのようだった。この時初めて垣間見た彼の登山にかける情念に、私の気持ちも同時に奮い立った。普段から冷静沈着な中安は、この晩も自分の呼吸法を確かめるかのように言葉を発さず黙々と私の後を着いてきていた。ただこの時だけは、

「行ける、行ける！　会長そのペースです！」

と体育会系だった学生時代を思い出すように声を上げ始めた。同時に谷側の遥か向こうから

「会長〜！　会長〜！」

大勢の声が聞こえてきた。明らかに後発隊のメンバーである。見下ろすと一〇〇メー

トルほど眼下の暗闇に微かにヘッドライトの列が確認できた。ポーターが無線を飛ばすと、予定通り我々に追いついてきているとのこと、脱落者がいないことが確認できた。この吉報が我々の足の運びをより軽やかにした。

父はポーターにトレッキングポールを預け、手袋で岩肌を掴んでいた。前述の山頂廻りの最終地点に差し掛かっていた。この頃になるとポーターが「ジャンボ・ブワナ」の歌を口ずさみ始めた。この曲が歌われるということは、登頂がとうとう最終局面にきて、山頂まで残り少しであることを意味している。これまで六時間近く極寒の中を奮闘して登り続けた我々への讃歌だった。

午前五時三〇分、父はついに頂上の峰に辿り着いた。背後に巨大なクレーターを控えた狭い岩場に「Congratulations, Mount Kilimanjaro, Gilman's Point（おめでとう　キリマンジャロ　ギルマンズポイント）」と掘り込まれた三メートルほどの木製の看板が迎えてくれた。二本の丸太の柱に打ち付けられただけの山頂の印は、長年の風雪に耐えて朽ち果てていた。無造作な取り付け具合がアフリカらしさを演出していた。予想よりも早く日の出前に山頂に到達し、あたりはまだヘッドライトで照らさないと誰がどこにいるかわからな

ギルマンズポイント(5685メートル)に到達し、ハンセン病のバナーを掲げる

いほど暗かった。この日は幸いにも天候に恵まれ、外気温はやや暖かいと感じるマイナス一〇度程度。一度も強風や粉雪に見舞われることなく、空気は透き通り、遠く麓のモシ市内の街の灯りが目視できた。

父はすぐに折り畳み椅子に腰掛けて楽な姿勢をとった。何しろ我々は五六八五メートルの地点に立っている。まして心臓に疾患を抱える高齢者にとっては未知の世界。歓喜の抱擁より先に休息である。後から登ってきた池田が真っ先に父の元に駆け寄った。無精髭は凍りつき、頬は赤らみ、眼は潤んでいた。

「なんて言えば良いか言葉が見つからないんですけど、本当に大したヤローですよ！」

そう雄叫びを上げると池田と父は握手し抱き合って健闘を讃えあった。今まで七大陸最高峰を制覇し、エベレストやデナリでは危険極まりない現場に何度も立ち会ったであろう池田の、乱暴だが最高の褒め言葉だった。父の最後の踏ん張りは目を見張るものがあった。決して弱音をはかず、暗闇の中、無言のまま足を踏み出して格闘する八五歳の後ろ姿に、歴戦の勇士にも心込み上げるものがあったのだろう。漢が漢に惚れる瞬間というのはこういうことかと強い感銘を受けた。

私はポーターの群れの中に中安を見つけ、思わず賞賛の言葉を送った。

「こんなところに来たいという会長もどうかと思いますが、業務としてこんな高い所まで登ってくる秘書も世界中探してもいないんじゃないですか？」

今まで様々な優秀かつ屈強な方々が父の側近を務めてきた。あくまで謙遜する中安に対して私は勝手に「史上最強秘書」の肩書を贈った。

しばらく歓喜の輪が続いていると、ポーター二名に両脇を担がれた男性がその中に倒れ込んできた。相当なダメージを受けているのだろうと想像できた。胸には「モンベル」のロゴがあり、すぐに日本人であるとわかった。苦痛を浮かべる顔を覗き込むとなんと我々のメンバーだった。

「田中さん！」

驚いた我々はすぐに道をあけ、父は座っていた椅子を差し出し田中を腰掛けさせた。眼は視点が定まらず表情も鈍い。しばらくすると次第に意識も回復してきた。ただ長時間山頂に留まるのは危険と判断し、すぐにポーターに下山の手配をした。

続いて富永、和田、秋山、岡田の残り四名が次々と登頂を果たした。富永は
「会長どうして山頂にいるんですか……」

父が順調に登頂を果たしたことが信じられない様子で近付いてきた。自身の登頂の感動も相まって、一人感極まっていた。思い返せば今回唯一の女性の参加者として、早くからトレーニングと準備に励んできた。私個人としてもどうしても登頂を果たして欲しい人だった。富士山の登山では重い高山病に苦しんだだけに、これだけの高地にしっかりと順応できたのは大きな成果だった。何より二〇一二年のペルーでの父の心臓発作、緊急手術に付き添い、いちばん近くで対応してきた者として、父のここまでの心身の回復と強靭さに特段の感動を覚えているのは富永に違いなかった。

父は未だにキリマンジャロ登頂の実感が湧かないのか、半ば呆然とした顔付きでメンバーと歓喜の輪を作っていた。私はその中に岡田の姿を見つけ駆け寄った。今回メンバーのほとんどが自分の意思で参加を申し込んだ者ばかりだった。ただ岡田だけは医師の帯同が不可欠とのことで、私が学生時代の縁をあてに直々に指名し、悩む岡田を強引に勧誘した経緯があった。本人にとっても初めてのアフリカで、まさかこれまで濃厚かつ過酷な毎日を過ごすとは想像していなかっただろう。我々は「おめでとう。本当にありがとう」と短い言葉で感謝の気持ちを伝え合った。

和田、秋山の若手二人はギルマンズポイントはまだ通過点とばかりに、控えめの小さなガッツポーズで到着した。体力的にも余裕があり、私は次なる峰、ウフルピークに向かうよう促した。ここまで事務作業から装備品の整理に至るまで、チームが潤滑に動けるよう裏で骨を折ってくれた二人である。ここからは自分自身の栄光を獲得するため、真の頂上、五八九五メートルの地点を目指してもらいたいと思った。

ウフルピークへはクレーター西側の峰を辿り、緩やかな勾配を約二時間ほど歩けば辿り着ける。厳しい岩場をすでに登り詰めている者にとって、さほどの難しさはない。ただ前日までの降雪で四〇センチほどの雪が積もり、登山者の踏圧でわずかな幅の登山道が露出しているだけだった。往復で少なくとも四時間はかかりそうだった。ウフルピークには和田、秋山に加え、中安、岡田、池田の計五名が向かった。

ギルマンズポイントに留まった父、富永、私の三名は六時半の日の出を待っていた。夜空から星が消えると同時に岩肌が日照により真っ赤に染まり、岩陰を覆っていたのが全て雪であることがわかった。東側のマウェンジ峰の後方から登った日の光は、我々が立つキボ峰の起伏を見事なまでの赤と白のコントラストで浮かび上がらせた。背後のクレーターも予想以上の大きさで陽の光を迎え入れている。最古のシラ峰が火山活動を始めたのは二五〇万年前。タンザニアから北のケニア、エチオピアまで走るグレートリフトバレー（大地溝帯）は巨大な地殻変動で大地を分離し、森林をサバンナへと変容していった。多くの類人猿は樹上から地上に降り、このアフリカ東部から人類の祖先が誕生したという。この時の日の出は、我々にアフリカという大地の偉大さ、そして人類創生のダイナミズムを、まざまざと見せつけていた。

あたり一帯が明るくなるのを待って、ここぞとばかりに富永がカメラを回し始めた。今まで暗闇の中で撮影を試みたもののいずれも露光不足に泣かされていた。当初の目的通り、父はハンセン病制圧のバナーを掲げ、山頂を示す看板と、巨大なキボ峰の自然造形を前に写真に納まった。腕を目一杯に伸ばし、山頂に辿り着いた達成感でみなぎったその表情は、エベレストで撮影された世界的な登山家の写真に負けない迫力があった。シェルパ氏がエベレスト山頂でハンセン病のバナーを掲げてから、一年九か月の月日が経過していた。

夜が明けるとともに登山者が次々と去って行き、混雑していた山頂はあっという間に人の気配がなくなっていた。私はやっと父を掴まえてゆっくりと顔を合わせた。互いに

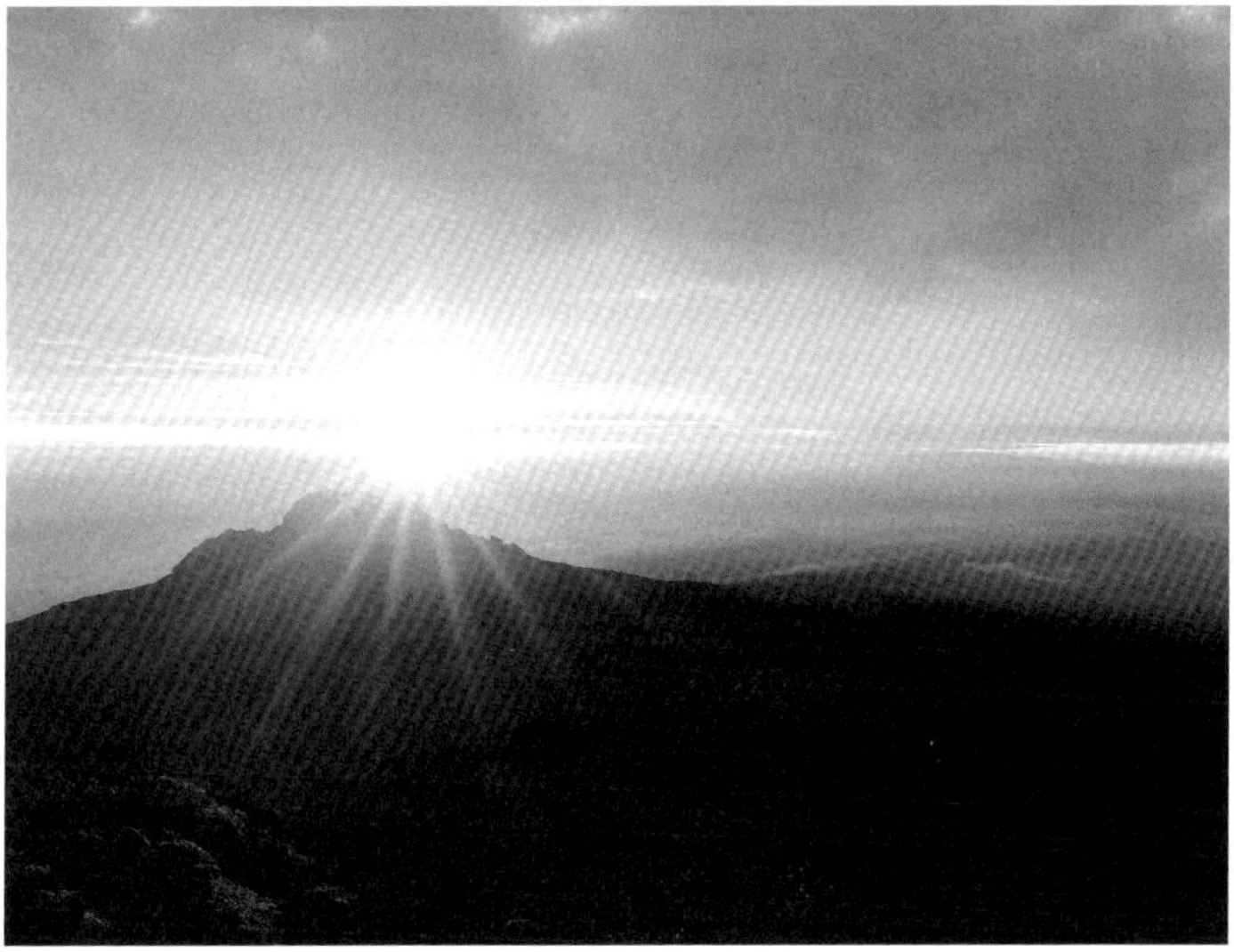

キリマンジャロ山頂から望む日の出

厚手のダウンジャケットを着込んだ丸い肩に手を回して分厚い手袋で叩き合うと、一人前の登山家同士のような気分になった。

「よくここまで来れたね」

「まさか実現するとはね」

びっしりと日焼けした頬が自然と緩む。ドーハでのトランジットで合流してから丸七日間、寝食を共にしながら色々なことを語り尽くしたせいか、山頂で交わす言葉は驚くほどシンプルなものだった。

入山六日目――山頂↓キボハット↓ホロンボハット

無事山頂アタックの夜が明け、残りの行程は下りのみとなる。ここキリマンジャロでの事故や怪我は、八割が下山時に起こると言われる。下山時には足腰の筋力に相当の負担がかかり、不意に足を踏み外してしまう。山頂に達した満足感のあまり気が抜けてしまいがち、という面もあるかもしれない。

父の側には登りと同様ビルダードが控え、片腕を常に支えてくれていた。彼は前後にバックパックを抱える重装備ながらも、必要とあらば怪力で父の体をひょいと持ち上げてしまい、そのまま二、三歩前に足を進めてしまう。父の後ろ姿はニール・アームストロングが月面歩行したときのように軽く飛び跳ねて見えた。

時折挟んだ休憩で、降りて来た山頂方向を見返すと、どれだけ急傾斜で荒い斜面を登ったのか、改めて圧倒されるものがあった。

「暗い夜に足元だけ照らされているから登れたようなもので、真昼にこの斜面全体を見せられたらまず心が折れてるね」

父がつぶやくと、富永も私も全くその通りと頷きつつ、呆然と岩肌を見上げていた。

三時間ほどの下山を経て出発地のキボハットに着くと、すでに下山していた田中の姿があった。高山病の深刻さからポーター二人に両脇を抱えられて下山する「特別対応」だったようで、その二人がやれ右だ左だと蛇行しながら喧嘩をするので、こちらも体がちぎれそうで痛かったとのこと。まるで出来の悪い引越し業者のようだと大笑いしながら聞いていた。下山して一〇〇〇メートルほど高度が下がり、かなり復調した田中の姿を見て、なにより一安心できた。

三時間ほどの間、軽い昼食、パッキング、仮眠を経て、我々は次なるホロンボハットへの下山の準備をした。そこにタイミングよく中安と岡田がウフルピーク延伸組の先陣を切って帰ってきた。どうやらウフルピークまでの道は積雪が深く、一つ踏み外せばクレーター側に滑落するのではと恐れながら進んでいたようだ。途中で軽アイゼンを装着したり、秋山があまりの疲労に酸素吸入をしたりと、これもまたハプニング続きだった。

すでに山頂までの往復で七キロを歩いており、ホロンボハットまでの一〇キロの下山道を加えると一日計一七キロという長い距離になる。前年のレモショールートでも、また他のルートでもやはり山頂アタックの日はこれだけの長距離を踏破する体力が求められる。登りは「ポレ・ポレ」を合図に時速二キロ以下の慎重なペースが求められていたが、下りは時速六キロまでスピードを上げ、足も大股で軽やかに歩けるようになる。気がつけばこの時点で高山病特有の嘔吐感や頭痛は消え去っており、「高山病対策の特効薬は下山」の名言を身をもって体験した。

四時間ほど歩いた後、一五時半頃にホロンボハットに点在する小屋群が見えてくる。

登山道の入り口付近には、前日に下山していた南里が無線連絡を受け、我々一行を出迎えに来ていた。南里は持ち前の柔和な笑顔で、

「登頂の一報を聞きました。おめでとうございます」

と祝福の言葉をかけると

「南里さん体調大丈夫?」

父は開口一番、下山後の回復を気にして声をかけた。南里はこの時を振り返り、まず山頂到達の栄誉を讃えようとした場にも関わらず、真っ先に自分の体調を気にかけてくれたことに甚く感激したという。

「本当に登れるとは思ってなかったよ」

父は口にするものの、表情は自信に満ちあふれていた。南里の山頂アタックは叶わなかったが、それまで五日間の山中生活と延々たる山道を一緒に進んだ同志である。ハンセン病制圧に向けての最大のPR活動を成功裏に終えた偉業を、互いに素直に讃え合っていた。

ホロンボハットではすでに高所順応で二泊していたから、これで三泊目。住み慣れた

我が家のようにくつろいだ。夕食では皆の長い一日の労をねぎらい、ウェイターのフランクがいつもに増して大盛りの食事をお皿に盛り付けてくる。「もっと食べなさい」と言わんばかりの仕草は、まるで久しぶりに故郷の実家に帰った時の母親のようだった。

この日の晩は大型のキャビンが手配できず、全員が前に述べた「蟹工船」部屋となった。父は慣れない急勾配の天井に何度も頭をぶつけた。寝台では互いの足と頭が重なりそうである。これだけ狭いところに海外出張で泊まることももうないだろうと、父と中安、富永が低い寝台に腰掛け記念写真に納まった。

この日の晩はもはやダイアモックスを服用する必要もなく、夜に尿意で起こされることもなくなった。特に深夜五回も起きては外のトイレに駆け込んで、を繰り返していた父にとっては格別の寝心地だったに違いない。行程も残すところあと一日となり、翌日の体力を養うために早めの就寝となった。

入山七日目――ホロンボハット→マンダラハット→マラングゲート

この日下山の出発時刻になると、ホロンボハットの看板の前にポーターが次々と集まってきた。入山口のマラングゲートまで下ってしまうとバラバラになってしまうので、全員で顔を合わせる機会はこれが最後となる。手拍子が始まると、お決まりの「ジャンボ・ブワナ」を皆で歌い、合いの手に「ササカワ!」と叫んでアレンジを加えながら、四曲ほどを歌ってくれた。キリマンジャロを背景に時折体をくねらせながら踊り乱れるポーターの姿を目の当たりにして、我々も手拍子で参加して大いに盛り上がった。

私は登山メンバーを代表して、大勢のポーターの前で最後の挨拶を述べた。英語の意訳ではあるがここに記しておく。

「笹川陽平と日本財団のクルーを代表して、ここに最大限の感謝の気持ちをお伝えさせて頂きます。皆さんの情熱、思いやりの心、そして献身的な姿勢が、我々の登頂を後押ししてくれました。今ここに一〇名の日本人登山者が生まれましたが、これを下支えしてくれたのは二九人のタンザニア人の勇士たちです。あなた方は笹川の人生をかけた使命感を、人生で最高の到達点へと昇華させてくれました。笹川は八五歳、日本人として最高齢のキリマンジャロ登頂者になりました。我々のハンセン病のバナーには『誰一人取り残さない』とメッセージが書かれています。あなた方は誰一人取り残さず我々を山頂へと導いてくれました。本当にありがとう」

総勢二九人のポーターとの別れを惜しんで、皆で写真を撮ろうと我々がタンザニア人たちの輪に加わると、ジョシュア、オネストらガイドが咄嗟に父の両足に手を回し、宙に担ぎ上げた。後ろでは多くのポーターが両手を高く上げ雄叫びを上げている。タンザニア流の手荒い「胴上げ」である。中には八五歳が山頂に登りつめたと聞きつけ歓喜の輪の中に入り込む外国人登山者の姿もあった。今までに誰も聞いたことのないであろう歓声がホロンボハットに響き、父は瞬く間に現地の英雄となった。年長者に敬意を払うのはどの国も同じ。しかも自らの足で、自らの堅い意志で「アフリカの天井」までたどり着いた男である。外国人グループの中には、「この歳までどうやって健康を維持してるんだ？」と質問責めにする者、父と肩を組んでとっさにスマホで自撮りをする者もいた。SNSに「キリマンジャロに超人的な日本人がいた」となどと速報を打つのであろう。

自分の子供達、いや孫にあたるような年齢のポーターが父を取り囲む。その姿は一族の長老を祀り上げるようにも見えた。この時父は珍しく声を震わせ、頬には大粒の涙が伝っていた。今まで陰ながら支えてくれたポーターに囲まれ、彼らのこれまでの献身的な振る舞いに対して感謝の気持ちに感極まったのだろう。そして改めて多くの称賛を得

ホロンボハットに帰還後、山頂到達をタンザニア人ポーター達に手荒く祝福される

ることで、父自身が苦しみながらもなし遂げた偉業に感無量の境地だったに違いない。その姿を見て、「会長が涙を流すなんて」と財団職員ももらい泣きをした。

私自身父が涙する姿をこの時初めて目撃した。歓喜するタンザニア人のポーター、笑顔で手拍子をうつ日本人メンバー、周りを取り囲む雲海、高くそびえるキリマンジャロの頂。全てが最高の舞台を演出し、その中心で父がスローモーションのように担ぎ上げられていた。

山頂への挑戦を無事に終えたのも束の間、この七日目の最終日は一日目、二日目に歩いた山道を、わずか一日で急行する最長行程の日である。高度差にして約二〇〇〇メートル、その距離二〇キロにも及ぶ。森林部に入ると雨に振られた地面が粘土質のぬかるみとなり、どんなに注意深く足を運んでもつるりと滑ってしまう。前年のレモショールートで、何十回も上り下りしているはずのガイドやポーターが、大きな荷物を抱えながら一回転するほどの勢いで転んでいたのを思い出す。実は私も転倒して肘から着地してしまい、救急箱を開けて止血してもらった。私はメンバーに足元に気を配り慎重に下山するよう何度も注意した。

キリマンジャロのほとんどのルートは山の周辺を巡るように設定されているため、入山時のゲートと、下山時のゲートがそれぞれ異なって配置されている。ただこのマラングルートについては唯一入山時と同一のルートを辿って下山するため、我々が往路で通ってきたマンダラハットや山頂が望める景観スポット、休憩場所などを復路で再訪することができた。ああここで一休みしたとか、誰それが冗談を言ってたとか、トイレを済ませたなどという記憶が次々に蘇ってくる。たった数日前の出来事であるはずなのに、それぞれが過酷な体験をした後のせいか、全てがとても懐かしく思えるのである。

思えば一日目、二日目、隊列を組んで必死に山を登っている最中に、多くの下山者とすれ違っていた。その際によく「Good luck to you.（頑張ってね）」と声を掛けられ、いずれの下山者もとても誇らしげに余裕のある笑みを浮かべていたのを思い出した。今となれば我々は下山する側で、すっかり立場が逆転していた。我々は登ってくる登山者とすれ違うたびに同じ言葉で声を掛け、少し上から目線で余裕の笑顔を見せた。山頂を征服した者だけに許される「先輩面」である。和田と富永は上機嫌となり、大人数の一行と目が合うたびに「Good luck 祭り」と称して同じフレーズを連呼し続けていた。

午後に差し掛かった頃には、山を下りたらまず何を食べたいか、という話で盛り上がった。この日の行程が計二〇キロ、六時間に渡り、食欲は並大抵のレベルではなかった。何よりやっと地上に降りて近代化された環境で食事がとれる嬉しさの余り、もはや手持ちの携行食やハイドレーションには誰も手を付けなくなっていた。やれラーメンが良い、バーガーが良いとありきたりの妄想で盛り上がった後、ひとまずマラングゲートでの遅い昼食にビールを注文しようということになった。銘柄はもちろん「キリマンジャロビール」である。ガイドが無線を手にすると、富永が得意のスワヒリ語で「バリディ」と念押しした。「冷たい」という意味で、しっかりと冷やしたビールを用意するように指示したのである。アフリカでは常温のビールを飲むのが普通で、冷えたビールは余程のリクエストがないと出てこないのだという。冷蔵庫が備わった場所も少ないであろうから、なるほどなと一同納得する。

一泊目に泊まったマンダラハットを通り過ぎると、下山路もいよいよ残りわずかとなった。このあたりに差し掛かると、この登山をめぐるそれまでの様々な出来事が脳裏をかすめるようになる。

数か月に渡って一〇人の登山メンバーと、行程の調整、装備品の準備、低酸素トレーニングに至るまで、共に語り合い、準備を進めてきた。山中の宿泊中も食事の席でも思い出に残るエピソードが山ほどある。この優秀なメンバーとの貴重な体験がついには終わってしまうという寂しさがひしひしと込み上げてくるのである。

また今回の登山は現地のポーターたちを含めれば約四〇人の大キャラバンだった。それぞれが「今できること」に徹し、役割を演じ、山頂にハンセン病制圧のバナーを掲げるという最終目標に向かって努力していた。チームワークと団結力の後押しがあればこそ、父の山頂到達も実現したのだ。


その日のスタートから約六時間が経過した一四時、我々は入山口のマラングゲートに戻ってきた。拍手をする者、両手を突き上げる者、ハイタッチを交わす者と反応は様々だが、この下山をもって登山を完結させたという達成感の表現に他ならなかった。

広場のテーブルには入山時と同様のランチが振る舞われていた。ウェイターのフランクが給仕してくれる食事もこれが最後だと心惜しんで、皆が口いっぱいに頬張っていた。

何よりテーブルには山中から無線でリクエストしたキリマンジャロビールが煌びやかに並んでいる。瓶ビールを見たのも何日ぶりだろうか。この遠征に備えて正月からいっさいのアルコールを断っている者も多数いた。我先に抜栓すると、事前の「バリディ」の指示が届いていなかったのか、ビールはぬるかった。それでも常温のビールは驚くほど美味しく、喉元を過ぎるや否や全身を駆け巡り、末端の枯渇した細胞まで潤していくように感じた。

「ぬるいビールがこんなに美味しく感じるとは」

岡田は手に持った瓶を眺めながら感慨に耽っている。初めてのアフリカに来て、経験した全ての出来事が驚きの連続だっただろう。ビールは冷えていて当たり前、という現代都市生活の固定観念が覆されていた。もちろん入山してからの七日間の過酷な日々があったからこその美味だった。

バスがモシ市内のホテルに着くと、荷解きを後回しにしてガイドやポーターが下山後のセレモニーをとり計らってくれた。ガイドは今回の登頂の成功と、無事の下山への祝意と、そして山中で行動を共にしてくれたことへの感謝の言葉を述べていた。参加者全ての首に記念のメダルがかけられ、山頂に辿り着いた者には登頂証明書が手渡された。光沢のある厚紙には登頂者それぞれの名前と年齢、登頂時間が記され、ギルマンズポイントまでの登頂者には五六八五メートル、ウフルピークまでの登頂者には五八九五メートル、と到達した標高が印刷されていた。

今回の参加者は二〇代から八〇代までと年齢は様々だが、首にメダルを掛けられ、賞状らしき紙を手にしたのは皆何十年ぶりかの晴れ姿であろう。真っ黒に日焼けした頬と手の甲を掲げて互いに照れ笑いする様は、夏休みを終えたばかりの小学生のように屈託のない姿だった。

整列したメンバーを見渡すと、一〇人中九人が山頂に辿り着いた事実に改めて驚かされる。このマラングルートの登頂成功率は五五%であるから、五、六名が登れていただけでも十分に誇れていたはずだ。個々の努力もさることながら、今回のチームの団結力の強さを如実に物語っていた。

宿に戻ると何はともあれ、七日ぶりにシャワーを浴び、長期の遠征で汗と土埃にまみれた体を清めた。頭皮や耳の中、鼻の奥まで土埃が入り込んでいた。石鹸を泡立て、頭から温水を被れるという当たり前の習慣が、どれだけ有り難いかを身にしみて感じる瞬間である。

真新しい服に着替えた面々は改めて夕食の席に集まった。皆髪を整え、肌も艶やかに仕上がっている。皆が席につくと間髪を入れずに父が立ち上がり、皆に感謝の挨拶を始めた。気がつけばドーハで合流して以来、父はメンバーの前で講釈や説法を垂れることは一度もなかった。あくまで一参加者として団体行動に徹し、寡黙を貫いていたのである。今山を降り、公益財団のトップとしての顔に戻り話し出すと、若手職員も姿勢を正して聞き入った。

「まずは事故もなく、参加者一〇名全員が無事に帰還できたことに感謝したいと思います。とりわけ多忙な中、岡田医師に参加頂き安全面のサポートをして頂き、そして池田医師にはアルピニストとして豊富な経験に基づく的確なアドバイスをして頂き、その貴重な経験を我々に披瀝《ひれき》して頂きました。お陰様で我々のような素人集団がチーム一丸となって登頂に挑むことができました。

五〇年に渡るハンセン病活動の中で、私は常に現場に答えがあると考えて活動してきました。冷暖房の効いたオフィスで、美しい秘書たちに囲まれた国際機関の幹部は「口舌の徒」であり、現場の問題については何も把握していません。そういう人たちに刺激を与える意味でも、今回山頂にバナーを掲げることの意味があったと思っています。

マラリアや結核と比べると、ハンセン病は一桁二桁患者数が少ないのが実情です。ただ世界各地でまだ数千万人の人間が、完治したとはいえ、その後の日常的な差別に苦しみながら生活しています。公共交通機関に乗れない、罹患すると離婚が認められる、公職に就けない、様々な差別は『旧約聖書』の時代から続いていると言われています。本来であればこの問題が国際的な問題として取り上げられるべきであり、皆さんが今回私の背中を押して下さったおかげで、私たちの活動が世界的にも認知され進めやすくなりました。

世界のハンセン病のリーダーシップを取る笹川保健財団を代表して南里さんが最終キャンプ地まで足を運んでくれました。実質的なハンセン病の最高責任者として、これからの活動に心から期待をしたいと思います。皆さんと共に『One team, one dream.』が達成できたことは、これからの実践的ハンセン病制圧活動の一環として鮮明に記憶されるでしょう。その意味で非常に貴重な体験を皆さんと実現できたことに心から感謝申し上げます」

我々はタンザニアの高地で七日間もがき苦しみ、最高齢の登頂者を生み出した達成感に浸っていた。だが父と財団の五〇年に及ぶ苦闘の歴史からすれば、それはごく一ページに過ぎないのかもしれない。ハンセン病制圧との闘いはこれからも続くであろうし、この登頂メンバーのうち誰かが襷《たすき》を受け、活動を引き継いでいくのかもしれない。

夕食の話題は、山頂アタックの際に先発隊と後発隊で起きていた出来事の数々である。父の登頂は途中でドクターストップが掛かりかけた非常に厳しい状況だったという事実を、後発隊のメンバーはこの時初めて知った。

「池田さんの厳しい視線が背中に刺さるのを感じながら登るのは本当に辛かったよ」

と当の本人は苦笑いする。

「まさか会長が本当に山頂に辿り着くとは思っていなかったので、登り切った時は興奮して敬語を忘れてしまって、『大したヤローです』って叫んでしまったんですよ」

池田は名セリフの理由を振り返る。深夜の暗闇の急斜面でそれぞれがどんな格闘をしていたのかが徐々に明らかになってゆく。

「山頂まで行ってただ一つ後悔があるのは、中安をスーツとカバンで登らせなかったことかな。そうしたら会長秘書としていい絵が撮れたのにな」

父は中安をいじって笑いを取っていた。中安はさすがに「もう勘弁して下さい」という顔をしている。どんな状況下でも「盛れる」土産話のネタ探しをやめないのである。


先発隊の我々としては、一時間も後から出発する後発隊の面々に追いつかれまいと、あるいは不様な格好は見せられないとただただ必死に登っていた。かたや後発隊の意見を聞くと、進めど進めど先発隊に追い付けず不安に感じていたという。もし会長が山頂に到達していたら、自分たち若手は途中で断念するわけにはいかない、とかなり切迫した状況だったようだ。先発隊、後発隊と二手に分けた方策が、互いの競争意識を良い意味で煽り、結果的には功を奏する結果となった。

我々が大いに気になっていたのが後発隊の田中の状況である。山頂に担ぎ上げられるまで、どのような状態で、何が起きたのか、改めて聞いた。

「まずね、都会の裏路地に迷い込んだんですよね。しばらく歩くと古びたお寺の扉があるもんだから、開けてみるとお堂の中が巨石だらけなんですよ」

まるで立川流のイリュージョン落語のような語り口で田中が話を弾ませる。

「なんでこんなところに大きな岩が転がっているんだろうと思って、迷いながらも必死に進んでいたら、その先に会長が座っていてびっくりしたってことなんですよ」

他のメンバーはまるで話の内容を理解できずに目が点になっていた。山頂近くの現況として正しいのは巨石だけ、他は田中の意識の中の幻覚である。池田が説明するにこれは高山病特有の錯乱症状なのだという。通常高山病にかかると吐き気やめまい、視覚が狭まるなどの諸症状があるが、幻覚は高地脳症の一歩手前で、放っておくと異常行動や意識障害にも繋がる極めて危険な状態だった。

「私が一緒なら、その場ですぐ下山させてましたよ」

と池田がことの深刻さを改めて強調する。

後発隊に医師として帯同していた岡田は、大声で田中を鼓舞し続けた。他のメンバーも岡田の元気な掛け声に随分助けられたという。

「岡田さんの励ましがなければ、とてもじゃないけど登れてなかった。先発隊にいたら私は池田さんに真っ先に山を下ろされてましたね」

田中はしみじみ振り返る。

先発隊には冷静かつ相手に絶対無理をさせない池田、後発隊にはできるだけ相手の可能性を引き出そうとする岡田。この性格の異なる二人の医師の活躍が、結果的に山頂アタックに参加した九名全員の登頂という好結果をもたらしたといえるだろう。

おわりに

帰国後間もない二〇二四年二月二一日、『産経新聞』に五段抜きの記事でキリマンジャロ登頂の成功が報じられた。

日本財団・笹川会長、キリマンジャロ登頂
ハンセン病撲滅　世界に訴え
八五歳「鉄人」低温・高山病に打ち勝つ

記事は登山メンバーの一人、田中が客員論説委員として寄稿してくれたものである。田中は元記者という立場で、父の行動の一部始終を詳細に記してくれていた。
登頂中の七日間は随時会長秘書室に経過が報告されていたが、そ

日本財団・笹川会長、キリマンジャロ登頂

ハンセン病撲滅 世界に訴え

日本財団の笹川陽平会長（85）が今月12日、アフリカ最高峰のキリマンジャロの登頂に成功した。笹川氏は心臓のペースメーカーを装着し、最重度の1級の障害者手帳所持者でもある。同行した記者は、その〝鉄人〟ぶりに驚いた。

（客員論説委員 田中規雄）

キリマンジャロに登頂した日本財団の笹川陽平会長（日本財団提供）

正論メンバーでもある笹川氏は長年ハンセン病の撲滅と回復者やその家族に対する差別をなくす運動に取り組んできた。ジュネーブで開かれた世界保健機関（WHO）の大会で、テドロス事務局長とともにハンセン病差別撤廃を誓う共同声明を出した後、そのままキリマンジャロがそびえるタンザニアに入った。今回の登山は、山頂で「ハンセン病を忘れないで」と書かれた横断幕を掲げ、世界にアピールするのが目的である。

「家族には『年寄りの冷や水』ならぬ『死に水』だといわれたよ」。笹川氏は得意のジョークを飛ばしながら意気軒高だった。

85歳「鉄人」低温・高山病に打ち勝つ

キリマンジャロは、エベレストを含めた七大陸最高峰の一つ。特別な登山技術は必要とされないとはいえ、7日間ひたすら歩き続ける体力が求められる。さらに山頂付近ではマイナス10度近くの低温となり、低酸素、つまり高山病とも闘わなければならない。

笹川氏と財団職員を中心とした9人のチームは登山最終日、真夜中の午後11時半に山頂アタックを開始した。満天の星の下、ヘッドライトをつけて岩だらけの道を一歩一歩登っていく。

同行していた池田知也医師（42）によれば、標高5400㍍辺りから、笹川氏の足のもつれが目立つようになった。ただ現地のガイドたちの励ましの声を受けて奮い立ったように見えたという。

6時間後、夜明けを目前にして、頂上の一つであるギルマンズ・ポイント（5685㍍）に到達した。

実は、笹川氏はヨーロッパ滞在中、食あたりになり激しい腹痛に苦しんだ。また帰国途中の乗り継ぎ先の空港では、胆石の発作も起こしている。まさに鉄人である。

池田医師は「国境なき医師団」での活動に加えて、世界を股に掛ける登山家であり、プロボクサーでもあるという異色の経歴を持つ。そんな猛者が、笹川氏の登頂成功に感極まっていた。

「大した野郎だ！」

「敬語を忘れさせていただきます」との枕詞《まくらことば》を置いた上で、山男として最高の賛辞を贈った。二人は手袋をとって握手を交わした。

残念ながら筆者はその場面を目撃していない。意識がもうろうとしており、頂上に着くとすぐにガイドに抱えられて下山するという体たらくだったからだ。

『産経新聞』2024年2月21日記事

の他のほとんどの関係者がこの記事によって初めて父の偉業を知った。キリマンジャロへの挑戦すら知らされていなかった者も多い。記事の反響は非常に大きく、同行した私の元にも連日称賛の声や問い合わせが相次いだ。私は帰国後はとにかく父を無事に帰還させられた安堵感からしばらくは放心状態だったが、この反響の大きさからことの重大さに気付いて我に返った。

何より驚愕の事実として受け止められたのが、八五歳という年齢に加え、父が心臓にペースメーカーを装着しているという点である。多くの人が、この体の状況で大陸最高峰を目指す父のモチベーションがいったい何なのか知りたがっていた。

その一方で父がいとも簡単に山頂に到達できたかのような印象の広がりは、私にとっては非常に歯がゆかった。中には「登るのには何時間くらいかかるのですか?」と安易に質問され、私はその都度「何時間という次元ではないです、何日もかかるんです」と生半可な体験ではなかったと訂正しなければならなかった。

本稿を執筆しようと思い立ったのは、まず第一にキリマンジャロ登頂を目指すに至るプロセスや心情の移り変わりを、自分なりに整理しておきたいと思ったからである。父の強い想いは時計の針を戻せば二〇一二年の緊急手術から始まっており、一人の人間の活動録として書き起こす必要があると思ったのである。

第二に山中での数日に渡る父の格闘の様子を克明に書き記す必要があった。さまざまな困難に見舞われながら自らの足で踏破した四〇〇〇メートルもの獲得標高の意味を理解せずして、山頂に到達した本当の価値観が伝わることはない。父の背中のすぐ後ろを歩きサポートし、体験を共有してきた者として、目の前で起きたドラマをありのままに記述することの重要さを、下山後しばらく経った今になって悟ったのである。

父は帰国後、何事もなかったかのように日常を取り戻し職務に復帰していった。今でも会長室のある七階まで階段を駆け上がり、月に数度の海外出張をこなしている。唯一以前と異なる点があるとすれば、その風貌である。私は父に山中で貯えた口髭を、帰国後も剃らないように勧めた。よく人間の顔のしわは、人生経験を刻んだ年輪のようだとたとえられる。同様に短く刈り込んだ頭は父の決意の表れであり、口髭はキリマンジャロと格闘した確固たる証拠だった。父の登頂の自負の標とするのに、これ以上に相応しいものはないと思ったのである。

実は帰国途中の乗り継ぎ地のドーハではもう一つトラブルが発生していた。空港内のベンチで父があまりの腹痛に耐えかねてうずくまったのである。普段人前、特に財団職員の前では痛い、辛いを言わない父の急変ぶりに驚いた中安と富永は、すぐに同行していた医師の池田に対応を委ねた。池田は、以前の健康診断の結果に胆石の記述があることを覚えており、心窩部（みぞおち）の痛みや吐き気の症状から胆石発作ではないかと判断した。冷や汗を伴う痛みは三〇分ほど続いたが、次第に沈静化し、空港でのトランジットが八時間と長かったことも幸いし、十分な安静を経て無事に日本に帰国することができた。

後日都内の病院での診断ではやはり胆嚢に三つの結石が認められ、そのうちの一つが何らかの原因で胆管付近に移動し、発作を発症したらしい。普段胆石は胆嚢に納まっているうちは体に悪さをしないものの、ひとたび発作を起こせば激痛を伴うとのことで、今後の海外出張の際のリスクも考え、すぐに腹腔鏡手術で摘出の処置が取られた。

手術後に担当医師から説明を受け、摘出された胆嚢と胆石を確認したが、その大きさと刺々しい形から、これが山中の数日間に暴れ出していたらどれだけ大変な事態になっていただろうと恐ろしく感じた。思えば往路では食中毒、復路では胆石発作に見舞われたが、そのいずれもが登山中に起きなかったことが奇跡のように思えてならなかった。登山中の恵まれた天候もさることながら、父が山中でのわずかな期間に、万全の体調で挑めたことに運の巡り合わせを痛感するのである。

私は登山準備を進めていた間や実際の登山中に、何度も参加メンバーに「どうしてキリマンジャロを登る決意をしたのか」と尋ねてみた。いずれも「奥様の後押し」が決め手だったという。秘書の中安は登山隊に参加しても良いかと妻に尋ねると

「会長をサポートすることが貴方の仕事でしょう」

と逆に発破を掛けられたそうである。和田の妻は財団で共に働く職員であり、秋山の上司として日々の仕事をこなしていた。和田、秋山両名の離脱は、家と職場の両方でワンオペを強いられることになる。それでも会長のプロジェクトに賛同し、二人を快く送り出してくれた。

岡田は当時自身が経営するクリニックの院長として多忙を極めて

おり、経営の刷新、学会での発表と休まずに働き続けていた。最低でも一〇日ほどを空席にして遠くアフリカの地に向かうことは想像の範疇を超えていたと思う。岡田の妻は、

「こんな機会は人生に二度と訪れないから」

と躊躇する岡田に、スタッフの取りまとめを申し出て参加を促したという。

同じような場面は我が家でも起きていた。前年のキリマンジャロ登山一度だけならともかく、今年にまたもう一度長期に渡って家を空け無謀な挑戦をする私に対し、妻の裕子は反対の声を上げることはなかった。逆に「御父様のためなら」と普通なら理解し難い大義に心を寄せてくれたのである。出発日には三人の子どもたちと作った手書きの小さな御守りを手渡してくれた。これだけの援軍を家庭内に得ながら恥ずかしい結果は残せないと覚悟を決めたのである。

直前のジュネーブからの行程を含めると計一七日に渡って日本を離れていた父を迎えた母は、短く刈り上げられた坊主頭、赤黒く日

焼けした頬と鼻先、伸び切った髭面の様相を見て、「死の淵から生還した」かと唖然としていた。ただその後、淡々と食事を用意し、風呂を沸かし、就寝の準備をする様は、日常の姿に戻っていた。今まで父が何をしようとも慌てふためいたり、必要以上に賛美したりすることはなく、それは父が旭日大綬章を受賞しても、ローマ教皇に謁見しても同じだった。あくまで家の平常の姿を維持し、父に帰るべき休息の場所を与えるのが自分の勤めだと悟っているようである。父が長く業務に没頭して社会的使命を果たしていけるのも、懸命に扶助する母の功労なくして語ることはできない。

常々世の中で起こりうる大きな出来事の裏には、それを下支えする女性たちの献身的な姿がある。今回の登山隊の結成も冒険への意欲も、各家庭の奥様方の多大な理解と努力の元に実現していることを、ここで感謝の気持ちを込めて強調しておきたい。

世界を見渡せば年老いてなお様々な挑戦に挑む者が存在する。六四歳にして約一八〇キロメートルのフロリダ海峡を泳いで横断したダイアナ・ナイアドもその一人だ。彼女は二八歳の時にこの挑戦に失敗し、約三〇年後に還暦を迎えて再挑戦を試みている。数度もの挑戦は立て続けに失敗し、五回目の挑戦で初めて栄光を勝ち取った。キューバから対岸のフロリダまで泳ぎ切った時、彼女の発した「三つのメッセージ」は次のようなものだった。

「一つ、決してあきらめてはいけない」
「二つ、歳をとっても夢を追うのに遅すぎることはない」
「三つ、孤独な挑戦だと思われがちだが、これはチームプレーだ」

記録を達成したばかりで意識朦朧として海岸を歩く中で発した言葉は、いずれも真理を突いており、私の琴線に触れるものだった。挑戦の内容もレベルも全く異なるものの、全ての指摘が父の格闘録にも当てはまった。誰もが最後まで諦めないその意志の強さを山頂付近で再認識した。八五歳という実年齢が本人にとって足枷になることは一度もなかった。そして父の想いに賛同するものが一人、また一人と集まり、最終的には現地で四〇名近くの人間が山頂までの踏破を後押しした。その一つ一つの要素が組み合わさり、誰もが刮目する成果が達成できたのだと確信している。

帰国後色々な方に報告するたびに、「これ以上の親孝行はないですね」と褒められることがあり、正直私にそんな器量があったのかとも思った。私は親の恩に報いるとか、高齢の親を労り慈しむ場を求めていたわけではない。ただ一つ強く思うのは我々は親子であるものの、同じ志を持った「同志」として一つの目的に向かって歩いていた、ということである。山中での日数は限られたものではあったが、与えられた時間、経験、そして未来への希望を共有することを互いが望んでいたように思う。異なる時代に生を享けた父と私が、わずかにオーバーラップする貴重な時間を、しっかりと実感して鮮烈な記憶として留めることができたのは、本当に稀有な体験だった。

いつか私の子どもたちが今の私の年齢に近づいた時にタンザニアを訪れ、父と私が共に登り切ったのがキリマンジャロであり、そしてその山頂には真っ白に染まる氷河があったことを、知ってもらえばと思う。

二〇二四年五月

笹川光平

【解題】父と子の物語

田中規雄

「キリマンジャロ登頂計画」―同行者募集　こんなメールを受け取ったのは、二〇二三年一〇月の半ばだった。筆者は長年勤めた産経新聞との嘱託契約が終了し、日本財団に転職して二か月あまりの「新人」職員だった。

キリマンジャロといえば、ヘミングウェイの名作のイメージしか思い浮かばない。登山の経験といっても、せいぜい高尾山など東京近郊の低山をハイキングした程度である。それでも新聞記者の習性である好奇心は抑えきれない。どうせ採用されるはずがないと、たかをくくってもいた。応募したら、「同行者」に選ばれてしまった。やはり日本財団は相当変わった組織である。

個性的なメンバーが集まった登山隊の珍道中ならぬ珍登山の顛末は本文の通りである。現地で何より驚いたのは、登山者の安全とキリマンジャロの環境を守るための厳しいルールである。入山前には適切な登山用具を装備しているか、入念なチェックがある。そもそも単独での登山は許されず、ガイドやポーター、シェフの帯同が義務付けられている。登山が始まると、ガイドは毎日登山者の健康状態を検査する、といった具合である。

日本人の誇る富士山はどうだろう。一部登山客のマナー違反と登山道の過密に悩まされてきた霊峰は、二〇二四年の夏季から山梨県側の登山口でようやく入山料として二千円の徴収を始めた。これで十分なのか、心配である。

本書の主人公である笹川陽平氏については、説明の必要はあるまい。国内最大規模の社会貢献団体のトップを長年にわたって務め、メディアに取り上げられる機会も多い。ライフワークとして取り組んできたハンセン病撲滅と差別撤廃をめざす活動は、国際社会から高い評価を受けてきた。

今回のキリマンジャロの登頂もハンセン病の啓発活動の一環である。本文にある通り、笹川氏は山頂で「ハンセン病を忘れない」と記されたバナーを掲げ、世界に発信した。笹川氏曰く。海外出張で相手国のトップと会談する際、山頂で撮影した写真を見せて、「年寄も頑張っているんだから」と発破をかけるのが一番効果的なのだ。

笹川氏についての著書は、自らの作品を含めて数多い。そのなかで決定版といえるのが大宅壮一ノンフィクション賞作家、高山文彦氏による『宿命の子』(小学館)であろう。

複雑な家庭環境、昭和史に大きな足跡を残した父、笹川良一氏との相克、その父から受け継いだ「宿命」と呼ぶほかない、とてつもなく重い使命について余すところなく描いている。

ただ残念ながら、父としても笹川氏、つまり夫人及び四人の息子たちとの関係についてはあっさりとしか触れられていない。笹川氏の三男である著者は、本書によって笹川家の物語に欠けていたパズルのピースを当てはめたといえるのではないか。

著者の子供時代の笹川家では、丸刈りにされたいたずら盛りの息子たちを父親が鉄拳制裁で支配してきた。ところがその権威が次第に失われ、息子たちの応援もあって、夫人の発言力が強まっていく。家庭における「政権交代」のドラマが興味深い。

著者はもともと家族のなかで父親と一番距離があった、と自覚していた。アメリカのリベラル色の濃い地域での生活が長く、思想的にも父親と相容れないと感じていた。ところがいつしか会話を重ねるようになり、気が付けばアフリカ大陸最高峰登頂という、父親の仕掛けた無謀なプロジェクトに巻き込まれていた。家族、財団関係者がこぞって反対するなか、首謀者となって実現に導いていく。

毎年正月には、笹川家の家族二三人全員が富士山麓の山荘に集合する。一三人の孫がずらり並んだ写真は壮観である。笹川家の物語はこれからどんな展開を見せるのだろう。

（日本財団　アドバイザー）

2022年8月　富士吉田登山道にて父と

笹川光平 Kohei Sasakawa

一九七六年、笹川陽平の三男として東京に生まれる。慶應義塾大学を卒業後、渡米しペンシルバニア大学にて建築学修士号を取得。以後一〇年にわたり、フィラデルフィア、サンフランシスコ、ニューヨーク各地の大手建築事務所で設計を担当。超高層から国際空港まで、大規模プロジェクトに携わる。二〇一一年より拠点を東京に移し別名で活動。建築設計事務所を設立ののち現在に至る。アメリカ建築家協会公認建築士。

85歳の闘い キリマンジャロの山頂へ

発行日――二〇二五年一月八日
著者――笹川光平
編集――米澤 敬
エディトリアル・デザイン――小倉佐知子
印刷・製本――シナノ印刷株式会社
発行者――岡田澄江
発行――工作舎 editorial corporation for human becoming
〒169-0072 東京都新宿区大久保2-4-12 新宿ラムダックスビル12F
phone：03-5155-8940 fax：03-5155-8941
www.kousakusha.co.jp saturn@kousakusha.co.jp
ISBN978-4-87502-572-6

ハンセン病【日本と世界】

◆ハンセン病フォーラム＝編

加賀乙彦、杉良太郎など国内外で支援活動を行う人々や元患者など、総勢41名が多角的にハンセン病について語り、綴る。ハンセン病の全体像を捉え直す画期的な書。

●A5判変型●376頁●定価　本体2500円＋税

生きねばや

◆荒波力

「魂の俳人」と呼ばれた村越化石。15歳でハンセン病に罹患しながらも、俳句に精進し、紫綬褒章を受章する。優れた作品を残した彼の生涯をたどる。

●四六判上製●360頁●定価　本体2900円＋税

テルミンとわたし

◆竹内正実

触れずに奏でる世界初の電子楽器テルミン。日本での演奏・普及に努めてきた第一人者が四半世紀を振り返る。自身を襲った脳卒中、障がいを抱えた世界記録挑戦なども盛り込んだ決定版。

●四六判変型上製●268頁●定価　本体2300円＋税

地球を駆ける

◆笹川陽平

日本財団会長であり、WHOハンセン病制圧大使を務める笹川陽平の、ハンセン病撲滅とハンセン病差別撤廃に向けた闘いの記録。2001年から2020年まで約70カ国におよぶ活動を収める。

●A5判上製●936頁●定価　本体2800円＋税

日本財団は、いったい何をしているのか

【第九巻】平和の希求

◆鳥海美朗

ウクライナの戦火、ミャンマーの混乱……2021年からの3年の間ほど、人々が平和を切望したことはなかったのではないか。笹川陽平日本財団会長インタビューを特別収録。

●四六判上製●324頁●定価　本体2000円＋税

ダイコン一本からの革命

◆藤田和芳

泥つきダイコン、虫喰いキャベツ…有機野菜を30年前から売り続けてきた「大地を守る会」は、「100万人のキャンドルナイト」など、市民参加による提案型の運動を着実に進める。

●四六判上製●272頁●定価　本体1800円＋税